猴面包树

ÊTRE HEUREUX AVEC SPINOZA BALTHASAR THOMASS

与斯宾诺莎一起获得自由

[法] 巴尔塔萨·托马斯 著　柯梦琦 译

上海三联书店

"
每位哲学家都有两套哲学思想，

他自己的哲学和斯宾诺莎的哲学。

"

——亨利·伯格森[1]

1　亨利·伯格森（1859—1941），法国哲学家。

目录

使用

方法

这是一本与众不同的哲学书。哲学总是致力于让我们去理解自己，进而改善我们的生活。但是大多数哲学书更关心什么是真理，竭尽全力输出理论，并不关心如何进行实际应用。而我们正相反，我们关心从一套伟大的哲学思想中能汲取什么来改变自己的生活：日常生活中微小的细节，比如看待生活的目光和赋予生活的意义。

不过，如果不能修正理论，就无法改变做法。幸福和圆满自有其价值，不经过一番思考努力是无法实现的。我们尽量避免像某些自我发展的指南手册那样殷勤讨好，给出简易的秘诀。要想换一种新的行为和生活方式，就必定也要换一种新的思考和构想方式。于是，我们会发现思考的乐趣，它有时令人感到晕眩，而这本身就已经改变了我们的生活。

这就是为什么在让读者反省自己之前，我们要先请他思考一些概念。首先我们要确定问题，然后运用新的理论进行解释，最后通过具体的行动来解决。我们只有改变自己的思考、感受和行动方式，才能去反省更广阔的生活图景以及它的意义所在。这就是为什么这套丛书中的每一本都按照相似的递进形式分成四个部分：

1. 症状和诊断

我们首先确定需要解决的问题：我们经受了什么？是什么决定了人的状态？如何准确地理解我们的误区和错觉？准确发现问题，就是迈向解决问题的第一步。

2. 理解的关键

为了阐释这份理解，哲学重新带来了什么？我们必须在哪方面彻底改变看待事情的方式，才能把人生掌握在自己手中？在这里，我们将为读者介绍这位哲学家最创新的论点，帮助读者以全新的视角看待自己。

3. 行动的方法

这种对于人的全新理解如何改变我们的行为和生活方式？怎样将我们新学的哲学思想应用到日常生活中？"我们是谁"会受到行为本身的影响而改变，那么我们的想法又如何改变我们的行为？读者将在这里找到能应用到日常生活中的方法。

4. 对生活意义的看法

我们会在最后介绍这位哲学家最形而上、最具思辨性的论点。如果读者此时学会了如何更好地应对日常生活，那么对他来说，剩下的就是要找到一个能统括其经验的整体观念。虽然前面的章节已教给他如何更好生活的方式 (méthodes)、办法 (moyen)，但在最后这个部分他将面对的是目的、存在终极目标 (finalité) 的问题。如果没有一个整体且形而上的世界观以及对自己在世界中所处位置的看法，读者就无法解决这个问题。

这本书不仅是用来读的，还是要去做的。你在生活中遇到的具体问题会随着每章介绍的论点而出现。不要被动应对，行动起来去回顾你的实际经验，并从中找到合理且准确的回答。具体的练习会帮助你把这位哲学家的教诲运用到生活中。同样的，请你努力将它们内化，并寻找合适的情境好好地实践使用。

你准备好开启这段旅程了吗？它可能会出人意料，有时会显得枯燥乏味，有时会引人不快……你会动摇，会感觉自己被抛向一个全新的思维方式，也是全新的生活方式——你准备好了吗？这段旅程穿越了一位十七世纪思想家的思想，也将带你走入自己内心最深处。那么，就让你跟随篇章的引导，跟随那些提问和概念，去探索斯宾诺莎的思想将如何改变你的生活吧。

第一章

症状和诊断

在 情 感 丛 林 中

　　人类的现实首先是一种情感现实。我们的生活是由情绪——快乐和恐惧、愤怒和激情——汇聚而成的，随着情绪而变化、构建和瓦解。从这个意义上讲，我们不应该将"情感生活"和生活的其他部分区别开。当然，因为感情对我们而言不太可靠、不可捉摸，而且很主观，所以我们可以闭上眼睛，暂时放下感情，集中精力去追寻或许更高也更稳固、不那么指向我们自己和自身感觉的事情。但是这样的话，我们就忽略了一点——其实我们做的每件事都是带着感情的：它推动着我们，指引着我们，让我们获得奖赏或受到惩罚，无论是什么事情。是情动 (affect)[1]——好奇、解谜的快乐、发现的自豪感——吸引着数学家投身到错综复杂的计算中，同样的，是情动——同情心，或许还有对荣誉的渴望——促使医生投身到人道主义行动中。在股市里进行投机交易的投资者同样受到情动的推动，而力求做出最公正审判的法官也一样。

　　因而，我们无法逃避情感生活，我们甚至不能通过

1　斯宾诺莎所讲的感性或情感，也就是我们生命能量的样式。——原注
　　在斯宾诺莎理论中，学界通常把affet翻译为"情动"，参见《德勒兹在方塞讷的斯宾诺莎课程》。——编者注

中立的理智或疏离的理性从外部去评判、理解情感生活，因为理性和智性也是情动。

我们会因为情感生活而痛苦，它会让我们痛苦到为了保护自己而想要变得无知无觉，于是我们只想跟从理性，而忘记情感。不过还好，这是不可能的。正如最新的神经学发现[1]所显示的，智力需要配合感情才能发挥作用。有些脑瘤患者接受手术切除了前额叶。这些人保留了全部的智力，但是再也无法感受到一丝感情。这些终于摆脱情感支配的人，变成非常理性、理智、有节制、智慧的人了吗？正相反，由于缺少感情，他们无法做出任何决定。他们失去了价值取向和优先事项的概念，对所有事情都犹豫不决又漠不关心，如行尸走肉一般带着索然无味地冷静了此一生。因为尽管有时情绪让我们迷失方向，感到不知所措，但也是情绪指引着我们，为我们提供最宝贵的向导和坐标，所以我们不能避开情绪而只认准理智。虽然我们可能会觉得情感是愚蠢的、不成熟的、极端的，但是我们不可能用理智替代情感，不可能简单地对自己说："从现在开始，我将遵从理性而不再听从情感。"

---

1 Antonio R. Damasio, *L'erreur de Descartes : La raison des émotions*, Paris, Odile Jacob, 2008. ——原注

正是在这一点上，斯宾诺莎与大部分哲学家有所不同：他的出发点是我们不能撇开情感，相反，情感是我们真正理解自己的起点，不能被绕开。因而，他在《政治论》中用这些话作为开篇：

哲学家总是把困扰我们的情感当成罪恶，认为我们会因为自身的缺陷而深陷其中，因此他们嘲笑、哀叹、斥责或唾弃这些情感，以体现他们自己那些超出寻常人的道德感。

这就是为什么面对人类激情的失控，斯宾诺莎"既不发笑也不哭泣，而是理解"。抽象的智性理解能够阻挡那有时令我们窒息、将我们击垮的感情洪流吗？能。因为真正的理解也会引发情绪，这种情感更为强烈，并将其所理解的情绪纳入其中。

因而，通向智慧的路始于用理智理解我们的情感或——斯宾诺莎笔下的——情动。但是我们清楚地看到这种理解有两个方向。一方面，对情动的理解 (intelligence) 让我们明白是什么让我们激动和慌乱，是什么将我们击溃和裹挟。另一方面，这种理解会不可避免地改变它的理解对象，也就是情感。正因为我们理解了情感，所以它产生了变化，变成了具有理智（intelligente）的情感。因而，我们的目的并不是要对情感生活做出抽象和理论性的理解，而是要让我们的情感显示出理智，并让我们的理智变得富有感情。

我们要走很长的路才能到达那里，而我们现在只是在开始的地方。要抵达终点，我们不仅需要搞懂情绪的机制，还要明白自由和理想状态的本质，以及世界的整体架构。在此之前，我们可以先问自己几个非常重要的问题——

关键提问

1. 试着回忆起你最强烈的情感：快乐、悲伤、害怕、渴望……无论它是源于一次会面、一项发现、一次晋升、一场死亡还是一次离别，都不重要：只专注于你感受到了什么，试着描述一下。

2. 你能用颜色来对应你的每一种情绪、每一段经历吗？你感受到的什么是蓝色的，什么是红色的、绿色的、灰色的或者黑色的？花一些时间用这种方式把每种情绪视觉化，就可以对自己的感受拥有更精细的感知。我们经常从一个极端跑到另一个极端：要么忽视自己的情绪，要么沉浸在情绪中无法自拔。这个练习正相反，需要我们观察自己的情绪，准确地对其进行描述。

3. 这种情绪是促使你思考，还是反过来阻碍你思考呢？这种情绪是激发了你的理解力，还是压抑、扼杀了你的理解力？

4. 这些理解练习对你产生了怎样的影响？你的情绪改变了吗？有没有产生新的情绪？

告诉我你喜欢什么，我会告诉你感觉怎么样……

我们明白爱在生活中的重要性。我们不断经受着情绪忽高忽低的波动。当我们的生命能量——斯宾诺莎称之为力量 (puissance) ——升高时，我们感到快乐；当它降低时，我们感到悲伤。这些波动变化通常都是偶然的，并且难以预料——我们的情绪会毫无预警地崩溃，也同样会为一点微不足道的事情而激动雀跃——我们对这种情动性反复，这种在欢欣愉快和消沉抑郁之间的摇摆没有丝毫掌控力。

爱是我们的情感坐标

如果我们在这趟情绪过山车里历经颠簸，那么想在其中找到一些坐标锚点并不奇怪，我们想找到是什么让我们快乐，然后才能靠近它，并与之产生联结。因此，斯宾诺莎给出的爱的定义很简单：

《伦理学》第三部分，情动的界说，六："爱是想着一个外在原因而产生的快乐。"

爱就是感受到一种快乐，而我们不相信这份快乐来自内心，觉得它不是由自己产生的，而是由一个外部事物——一个人、一件事或一个想法带来的。这样一来，我们感受到的快乐就不再显得那么偶然而且变化不定。由于有了明确的、可以辨识的原因，我们可以在预料之内有规律地重现这种状态。我们还需要依附于这个外部事物，跟它紧紧地结合在一起。然而，爱也同样是把自己交付给别人，任由环境形势、其他人无常的情绪或多变的天气等来影响自己。而且很不幸，去爱的时候几乎总是会搞错爱的原因，弄错快乐的缘由，依恋的事物带给我们的难过远多于带给我们的快乐。爱就是相信（croire）某些东西能让我们感到快乐，即使实际情况是相反的。

于是，我们会想还是在自己身上寻找快乐更好一点，不要让自己的幸福依赖于他人和生活中的偶然事件，不该任凭自己受到偶然的相遇和他人欲望的支配。我们可以试着变得完全自主独立，只信赖自己，或者就像斯多葛派[1]宣扬的那样，只给取决于我们自己的事情赋予价值。如果我们能够因此变成自己快乐的唯一理由，结论就应该是我们将只爱我们自己。

可是，斯宾诺莎回答，我们低估了人类的状态和人在整个自然中的位置。人类不是独立自主的，而且永远也不可能做到独立自主。无论付出多少努力，一个人都无法成为自己快乐的唯一理由，因为他并不是自身存在的理由：一个人的存在依赖于让他出生、哺育他、承载他、让他呼吸的复杂环境。自然的力量比人类的力量强无数倍，而人类永远受惠于自然，也依赖于自然。一个人受到环境的影响，始终会依恋在他看来让他变得强大和快乐的事情，同时逃离在他看来让他变弱和令他伤心的事情。

爱是稳定住我们情状波动的锚，是在情感丛林中为我们指引方向的指南针。但是这个锚也可能将我们拉向低

---

[1]　斯多葛派认为，宇宙是完整的神圣实体，由神、人和自然世界共同组成。个体"小我"必须扩大自己，融于整个大自然。"小我"的灵魂只有飞到高空，进入大自然的核心，才能成就最高度的充实和圆满。

谷，这个指南针也可能让我们迷失方向。懂得如何选择好的情感对象至关重要，去爱让我们变强而不是让我们变弱的事物。这就是为什么斯宾诺莎在《知性改进论》的开篇写道：

一切快乐或痛苦全都系于一点：我们爱上了什么样的对象？

我们由此看到斯宾诺莎整体思想方法的一个缩影，他的方法既包含诊断，也包含方案。首先是诊断：我们的所有痛苦其实都是爱的痛苦。如果没有爱，我们肯定感受不到快乐（或者说只能感受到稍纵即逝的快乐），但是也没有了痛苦。

爱是解决办法和问题

爱让我们的感受与他人联系在一起，这种感情确实为我们赋予了人性，让我们成为人。这种感情也让我们形成各自的特点，让我们作为个体存在。因此，我们可以仅根据被爱的对象来对人类的性格进行分类，就像所有斯宾诺莎同时代的人所做的那样。所以，在莫里哀的作品中，吝啬鬼的特点是爱财，野心家爱荣耀，贪吃的人爱食物，淫荡的人爱肉体享乐。但是如果每种性格的特征都取决于其最爱的乐事 (plaisir)、其专属的所爱之物，那么这项乐事本身，也是他所有崩溃和痛苦的缘由。

因此，在我们的生活中，爱既是解决办法，也是问题。只有去爱，我们才感觉与世界有了关联；如果没有爱，我们就会对一切都漠不关心。所以，斯宾诺莎继续写道：

一样东西如果不被人爱，就不会引起争夺；即使它消失了，也不会引起悲伤，即使它被他人占有，也不会引起嫉妒；无关恐惧，无关怨恨，简言之，它不会引起灵魂的波澜。

因而，爱是激情的焦点，我们的情感都是围绕着爱凝聚起来的，我们生活中的问题都是以爱为起点产生的。

斯宾诺莎给这个诊断配了一个方案：如果我们是否幸福取决于依恋的对象，如果我们能否得到拯救取决于我们决定去爱的事物，那么哲学家的任务，就是去发现能为我们带来充分而持久满足感的对象，让我们去爱。斯宾诺莎在接下来的段落里隐约提到了这一点：

但是爱永恒而无限的事物让我们的灵魂得到满足，让我们陶醉在一种纯粹的快乐中，排除了一切的悲伤；因此这种对象是极为令人向往的，值得我们全力去追寻。

这种话看上去抽象又浮夸。理性上我们不相信所谓的"纯粹、永恒、无限"，我们要先走过一段漫长而艰难的路，然后才能听懂斯宾诺莎所指的事情，或者更进一步，感受到他想表达的状态。斯宾诺莎本人也不得不首先彻底改变自己的思维方式，才能理解这一点。

不过，我们已经可以辨识出一些破坏我们爱的经验、歪曲我们选择的幻象了。

再来看一下爱的定义：

爱是想着一个外在原因而产生的快乐。

这个定义告诉我们，在爱之中唯一真实的只有我们的感觉，也就是我们感受到的快乐。而承载这份感觉的仅仅是一个想法，是我们或慎重或随意地把它与这份快乐联系起来。在很多情况下，一个对象只有在我们的想象中才是快乐的原因，所以我们应该颠覆对于爱的理解和感知。

当我们没有爱却以为在爱的时候

首先，只有我们的感觉才能决定我们的爱，指引我们的选择。无论被爱对象的实际优点为何，或者退一步说，人们认为它所对应的超验的"价值"是什么，都无法做到这一点。我们爱上一件事物、一个想法或者一个人，并不是因为它们优秀卓越、仁慈善良或美丽绝伦，而仅仅是因为我们把生命力的提升——也就是快乐——与它们的出现联系起来。如果依靠上层价值来决定什么值得我们去爱，也就是依靠对方的优质程度或内在的善，那么我们肯定会受骗。这样，我们就爱上了让人异化 (aliené) 的事物——我们单纯地自以为喜爱的事物。因为如果认为爱的原因来自他者，继而认为必须对其做出回应，我们就会忘记实际上由它所激发的情感。所以，他者并不是我们产生爱的真正原因，而仅仅是因为一种感受总伴随着他者的存在。

所以，爱永远不会是相互的吗？爱必然是自私的吗？当然，我们必须摒弃那种把爱视作自我奉献或为他人牺牲的想法。尽管在某种意义上，爱确实总是自私的——我们在别人那里寻找的是属于我们自己的快乐，但是这绝不意味着爱就要牺牲他人。因为当他人的出现令我们快乐时，这份快乐反过来也会让对方感到愉快。爱在过程中是相互的，那么它在产生时也应该是相互的。斯宾诺莎写道，适合（convenir）我们天性的东西给我们带来快乐，并由此使我们更强大。但这种匹配只能是相互的：如果一样东西和我们匹配，那么我们必然也和它匹配。

我们可以通过两种方式看待这种作为爱的基础的适配性：一样事物跟我们匹配，可能是因为它与我们相似，或者是因为它与我们互补。相似的事物很容易结合在一起，它们形成一个复合体，本质没变，但是力量加倍了。当一方所缺少的正是对方所拥有的东西时，就形成了互补关系，双方同样借由彼此增强了自己的力量。因而，相似性和互补性同样都是对称性（symétrique）关系：我们和与我们相似的人相似，我们将补全我们的人补充完整。由此可知，根源于共同力量（puissance commune）所带来的快乐，必然也是相互的。付出爱的人越快乐，被爱的人也会越快乐，反之亦然。斯宾诺莎写道：

《伦理学》，第三部分，命题二十一，证明："付出爱的人想象被爱者的快乐，有助于他在心灵上达到完满，也就是，有助于付出爱的人的快乐，而且被爱者感到的快乐越多，付出爱的人感到的快乐也越多。"

在爱的过程中，快乐必然具有相互性的这个观点，可能看起来很天真，它更像是理想状态，而不是我们情感关系的现实情况。实际上，大多数时候，我们的关系都是被异化的，也就是依恋于一些想象中的东西。要想摆脱这种异化的情感状态，我们就必须理解情感选择的运作机制。我们已经大概了解到爱的来源并不是被爱对象的实际优点，不是因为他优秀卓越或者善，而仅仅是因为他在场时我们感受到心情起伏或生命能量的波动变化。我们最终是怎么把这些感觉和波动，与一种东西或一个具体的人联系起来的呢？

被爱的人是快乐回忆的保有者

为什么我们把一个人或一样东西当作幸福的理由？我们怎么把短暂的快乐体验变成爱的理念？斯宾诺莎告诉我们，不是别的，而是我们的记忆（mémoire）制造了爱的理念。因为在记忆中有快乐的体验，所以我们把能够重现这份体验的人或物与之联系起来。因此，我们真正爱的只是一段回忆，为了让我们安心面对生活中的意外，让我们以为自己的感觉是稳定的，我们努力相信有某些东西可以帮我们重现这些回忆。虽然在后文中我们将看到这种幻想会表现为很多种形式，但是只要揭示出它的存在，我们就已经能提出几个关键问题了。

关键提问

1. 想一想你最强烈爱着的事物。它们对你的人生历程产生了怎样的决定作用？更重要的是，它们对你的个性身份，对你内心深处的自己产生了怎样的决定作用？你是否曾为了爱一个人、一个地方或一个观念而改变人生、价值观或习惯？如果没有这份爱，你会是什么样的人？你会是一个完全不同的人吗？

2. 想一想你的爱，不要去想你所爱的对象，只想你感受到的情感。你的情感有多强？是充满力量的还是无力的，是强大的还是虚弱的？

3. 是什么促使你走向这个你所爱的对象？它的出现带给你的感觉是快乐还是充满力量，又或者你觉得它是一种理想状态、一种价值、一种优秀的概念？

4. 记忆在你的情感关系中扮演着什么样的角色？你的感觉更多是源于记忆还是现场的经验？你会

因为过往的愉快记忆而接受当下的痛苦吗？请你试着给这种行为找到原因，并判断自己大概能接受到什么程度。

我们是怀有欲望的人

为什么是爱，或者说是我们所依恋的事物和我们的情状，决定了我们的人生历程，以及向他人展现自己的方式？因为本质上我们是怀有欲望的人。这不仅说明相比于其他显然不那么重要的特征，欲望是我们最突出的特点；还意味着我们就是（être）欲望，不是别的，只是欲望。这就是为什么斯宾诺莎写道：

《伦理学》，第三部分，情动的界说，一："鉴于人的本质就是他的某种情动决定去做某件事，欲望就是人的本质。"

存在就是欲望，欲望就是存在

这句老生常谈其实有两方面含义。一方面，它告诉我们人只是欲望：如果没有欲望，就没有行动，没有创新，简单来说就是没有生活。生活就是想要（vouloir）生活，努力（s'efforcer）生活，通过应对陷阱、阻碍和机遇来提升生命力。

简而言之，就是怀有欲望。另一方面，如果没有欲望，就没有知识，也没有理性，甚至没有道德：知识首先是对真理的欲望 (désir)，理性是对一致性的欲望，道德是对美好生活的欲望。正如你们在后文中会看到的，把理性和道德跟欲望对立起来是没用的，强行屈从于违背自己欲望的原则或价值观也没用，除非这些也是由欲望驱使的。

斯宾诺莎观点的另一面则更令人惊讶，也更鲜为人知：不但人的本质由欲望构成，而且更重要的是，欲望也仅仅是由人的本质构成，而没有其他成分。如果说存在就是去欲望，那么同样的，去欲望也就是存在。这是什么意思呢？这个显而易见的数学公式还隐藏着什么呢？

当我们怀有欲望时，我们以为想要的是自己之外的其他东西，以为我们成了自己之外的其他人。但是斯宾诺莎告诉我们，去欲望仅仅是做自己，只是想要从我们是的状态去存在。我们想要的就是我们自己，完整的自己，不能有丝毫缺损。

如果我们是上帝，那么我们自然而然就是我们自己，不需要渴望其他东西，也就没有欲望。但是，人类无法像上帝一样靠自己生存，人类需要食物、热量、睡眠、情状、交换、认可，以及其他无数赖以生存的东西。简而言之，只有当众多条件有助于一个人生存和发展的时候，他才能存在。

我们渴望能让我们自我实现的东西

因而，斯宾诺莎用conatus[1]一词指代欲望，它的定义是"保持其存在的努力"。要如自己所是的存在，只保持现有状态是不够的，我们的个性身份取决于我们的会面、结盟、社会习俗，而这些都或多或少是偶然和无法预见的。如自己所是的存在并不是自发的，而是需要去努力、去追寻，因此还要怀抱欲望。

不过，这场追寻并不是另加在我们身上的东西，也不是外来的或我们事后编出来的。没错，这场追寻就是我们最根本的样子。因而，斯宾诺莎写道：

《伦理学》，第三部分，命题七："每样事物竭力保持其存在的努力不是别的，正是它的现实本质。"

我们认为欲望首先是一种匮乏 (manque)。我们以为我们渴望的是自己没有的东西、没有的状态；但实际上，我

1　这个词原本是拉丁文词汇，学界目前统一译为"努力"。

们渴望的只是能让我们成为自己的东西，实现我们本质（essence）的东西。这种本质不是别的，正是我们充分成长的演进过程，是我们充分施展潜在力量的助推力。

有两个结论随之产生。首先，引发欲望的并不是欲望的对象。我们渴望一样东西或一个人，并不是因为它/他在我们看来非凡卓绝、不同寻常、不可或缺；我们渴望它/他，只是因为它/他让我们如自己所是的存在（être）。广告深知这种机制：它们很少向我们宣扬某样东西的优秀卓越，而是暗示我们有了这件产品，最终就能让我们实现一直梦想成为的样子——美丽、迷人、敢闯敢干、被众人喜爱……因，而我们想要衣服、汽车、学历或者头衔，并不是因为它们本身的价值，而是因为它们能把我们变成我们想要的样子。

我们怀有欲望，是因为有些东西带给我们快乐，并由此提升我们的力量，或者增强我们自我实现的能力。我们问自己渴望什么，不是在问我们想要拥有（avoir）什么，而是在问我们通过渴望拥有的事物而想要如何存在（être）。

匮乏削弱欲望

第二个结论在于，欲望并不是由匮乏（manque）引起的。

的确，欲望包含着一种匮乏——我们渴望自己没有的东西，因此我们认为匮乏越大，欲望就会越强。并且，因为我们相信快乐的程度与欲望的强烈程度成正比，所以我们很快便有意地让自己处于匮乏状态来增强欲望。

然而，按照斯宾诺莎的看法，没有比这更错的了。欲望并不是一种匮乏，而是一种力量：欲望是让我们维持自身存在并实现本质的力量。然而，匮乏意味着力量的衰减（diminution）。匮乏削弱我们，继而也削弱我们的欲望。它非但没有让我们拥有更强烈的欲望，反而让我们的欲望变得偏狭而脆弱。相反，我们在满足欲望时体验到的愉悦情感，会增强我们的欲望。

关键提问

1. 想一想你最渴望的事物或事件。你想要借助这些东西成为什么样的人？想象一下，如果你拥有了渴望的东西，你会是一个什么样的人，然后想象一下，如果反过来，你不需要这些东西，你会是一个什么样的人。

2. 在你形成欲望的过程中，匮乏扮演了什么样的角色？你总是渴望自己所缺少的东西吗？你的欲望是在你感到前路艰难甚至不可能实现时会更强烈，还是相反，在你感觉有可能、有门路、有机会的时候更强烈？想象某一刻你所爱的人离你很远，这个距离是增强还是削弱了你的欲望？

只有通过相遇，我们才能认识自己

到这里，一切都显得非常简单。脆弱的人类无法依靠自身达成存在的条件；人类依赖一系列与他适配的东西——食物、衣服、朋友、老师、配偶、艺术品等——来实现生存和发展。那么，只要知道我们真正渴望什么，找到适配我们的东西，就能增强我们的力量，并感受到由此带来的快乐。

因为我们不能好好评价自己，所以无法好好爱自己

可是我们距离这一点还很遥远，因为我们忽略了一个很重要的因素：我们缺少对自己什么样以及周围有什么的准确认知（connaissance adéquate）。尽管我们能意识（conscient）到我们自己和所发生的事情，但这种意识只是残缺的、不完整的部分认知，它常常是想象出来的。我们的情感之所以变得

过分和激动，主要是因为我们误判了自己以及发生在我们身上的事情。

正因为如此，斯宾诺莎在我们的情感生活里重拾起传统哲学家的任务：改造我们的理解力，修正我们的认知，确保我们走上一条必然通向真理的道路。尽管斯宾诺莎把感觉和情感放在第一位，但他还是个理性主义者：拯救我们脱离情感混乱状态的是认知能力。因而，我们在情爱上的误区并不是含有道德训诫意味的错误（fautes），而是我们认知和判断上的疏漏（erreurs）和不足。

但是，为什么人无法认识自己呢？为什么我们的理解力没能捕捉到内心的感受？要想解释这一点，关键在于，一方面要考虑灵魂和肉体的关系，另一方面要考虑肉体和环境的关系。

灵魂思考肉体，肉体使灵魂存活

很多古代哲学思想以及几乎所有宗教都设想灵魂——思维、智力或思想——是一种独立的实体（substance），完全与肉体分离，泾渭分明。这就是为什么人们会认为灵魂超越肉体的死亡而存在，它会去往天堂或者借另一具肉体转世重生。后来，这些观念受到唯物主义哲学的反对，后者宣称灵魂和肉体是一回事——大脑和神经网络实际上只是由原子构成的。

斯宾诺莎的立场则更加微妙。我们确实感觉到灵魂和肉体是两种不同的东西：实际上，思想的体验和肉体的体验截然不同。我们感知身体的方式与感知头脑的方式是完全不一样的。我们能清楚地看见身体在空间中伸展，它们具有体积、运动、重量等特征，而我们的思想没有空间和数量上的特征。但是，这绝不意味着灵魂和肉体——思想和物质——不是唯一且同一的实体，思维和肉体只是一个真实存在的两个方面，是一枚硬币的两面。只不过，我们有两条路可以接近 (accès) 这个存在，以两种方式接触真实存在并形成体验：通过思维以及通过肉体。

因而，思维和肉体并不能互相对立，它们彼此并不是相悖的。我们有时会感觉在和肉体战斗，在努力用思维压制肉体，把意志强加于肉体。然而，这是个圈套，因为肉体和精神的演进完全是并驾齐驱的。所有的事情既发生在肉体层面也发生在思维层面，所有发生在肉体上的事情，思维都在对其进行思考，反之亦然。

因此，斯宾诺莎认为我们的灵魂只是肉体的理念 (idée du corps)，也就是对肉体上所发生事情的意识。如果心灵记录下身体所发生的事情并将其变成想法，那么这种意识怎么会是错的呢？我们会看到，我们关于自己的理念之所以会出错，是因为它是有局限性的 (partiel)、残缺的、不完整的。

经验限制着我们对自己的认知

实际上，只有当身体发生了什么事情——当它被一种感觉所影响，甚至被打扰的时候——我们才能感觉到它。请你体验一下：平静地坐好，关注你的感觉——身体有什么感受。你可以感受到一股热气、一阵发痒、胃里一阵反酸、一缕清风抚过脖颈。但是，如果没有什么打扰到你，你就什么都感觉不到，你感受到身体的情状、身体对环境的反应，但是你感受不到身体本身。

因而，我们对身体的了解极为肤浅。但因为思维只是关于我们身体的理念，所以我们在精神世界里也同样对自己是什么一无所知。只有当我们受到外界刺激，有什么东西吸引、冒犯、取悦我们，让我们感到厌烦、受伤、兴奋或喜悦时，我们才能感受到自己。我们看不到自己，只有通过跟外部世界相遇时的镜像，以及相遇时产生的反应才能看见自己。

想象一个年幼的孩子。他对自己是谁没有任何概念，也不知道什么对他有用、什么对他有害，什么讨人喜欢、什么让人难以忍受。因而，他会试着触摸所有东西，吃所有东西，尝试所有事情。只有通过这些尝试——通常是痛苦的尝试，他才能够对什么适合自己产生一点想法。但这些想法大部分时候是错的：它们基于一些太过片面的经验，过于泛泛而不够确切——孩子们对食物的偏见就是其中一个例证。

一个成人对自己的了解也是一样的，我们只有通过过往体验留下的印迹才能认知自己。这些体验、相遇或多或少是偶然、混乱的和有限的。因而，长期生活在极端条件下的经历不仅会让我们变得极端敏感，还会让我们拥有超常的能力；相反，过度保护的环境则会让我们形成一种安静而温和的性格……

如果说我们真的是通过外部世界的媒介来认识自己的身份个性，那么这是否意味着，我们更擅长认识自我之外的事物呢？我们看不清自己，又能否看清世界呢？

外部世界让我们回到自身

我们对外部世界的了解并不比对自己更清晰，因为我们仍旧面对着同样的问题：我们所感知的从来不是外部事物，而是它们对我们产生的作用 (effet)、它们引发的反应和留给我们的影响。在品尝食物时，我们感觉到的并不是食物本身的构成，而是我们的味蕾对其酸味或甜味的反应。在爱上一个人的时候，我们感受到的并不是这个人本身，而是他引发的欲望和恐惧、勾起的回忆、激发的柔情。发现未知文明的旅行者并没有走进这个新的文明，只是他自己的价值观受到质疑，他自己的习惯被颠覆，而他对异域和冒险的梦想受到考验。

那么，我们就被困在了一个圈里：我们只有通过与外部世界相遇才能认识自己，但是在走向外部的过程中，我们又落回自己身上。因此，我们亲身经历的体验，把我们带向外部事件，却无法帮助我们真正地认识自己。同样的，我们也并不能通过自己的情感反应去了解引发感情的事物。实际上，我们只了解我们的反应、感觉、生活表象和情感表象，我们完全不知道这些反应的原因 (cause)，无论是内部原因 (我们的心理) 还是外部原因 (我们的环境)。

偶然事件最终是如何影响我们的

在反复摸索之下，时间和体验不能让我们对现实构建起一个更加可靠的印象吗？当我们重复同一个错误并扩展了我们的感知范围时，我们实际经历的拼图能否得到自动修正呢？我们不能将这些亲身经历的片段一个一个拼起来，重新构建起个性身份和协调一致的世界吗？我们会忽略这些相遇让我们体验的自我的个性身份，但它们也给我们留下了不可磨灭的印迹。因为它们，幻象变成稳定的图景，心血来潮的才情凝固成诗句，苦难犁出深深的印迹。我们偶然的相遇所带来的碰撞最终给我们打上印迹，将我们搓圆揉扁，以它们的形象来塑造我们，而最终我们看到的，是被过往经历的三棱镜扭曲的现实世界。

那么，怎样才能解开由我们过去幻象产生的心结？怎样重新找到那个没有被偶然的相遇影响的自我？怎样揭下感受的纱帘，重新发现这个世界？

关键提问

1. 回顾你的恐惧和欲望。你过往的经历在多大程度上推动了它们的产生？你能想象这些经历是偶然事件吗？它们本来是否有可能完全不同？如果经历不同，你会有什么样的恐惧和渴望呢？

2. 你有什么样的性格特征？你觉得自己的缺点和优点是什么？如果你的原生家庭和人生经历不是这样，你会有不同的个性特征吗？

3. 在上述两个问题的回答中，在哪种情况下你觉得更自在、更放松自如，或者更受限、更不像自己：是在你原本的生活中，还是在没有发生的另一种生活中？

4. 花几天时间关注你的情绪。在一个本子上记录那些看起来没有明确原因的情绪起伏，然后观察这些心情的起落如何影响你的相遇事件和活动。按照斯宾诺莎的说法，爱是与一个原因紧紧相连的快乐感受，恨是与一个原因紧紧相连的悲伤感受。你会在多大程度上去为情绪起落寻找一个原因？

5. 想一想你过去经历过的活动或相遇事件。你确定当时体验到的感受只是由这些活动或相遇事件引发的吗？

拆解情感误会的机制

为什么我们会坚持错误的事情？为什么我们不惜一切代价去追求虚幻的目标，去拥抱无法实现或带有破坏性的渴望？为什么我们维持着令人疲惫且使人异化的情感依赖关系？为什么我们让自己被仇恨、羡慕、嫉妒、罪恶、内疚、自我贬低所摧毁？

渴望幻象和抵抗幻象

我们的所有情感都遵循一条准则：人需要相信些什么，哪怕是错误的事情；人也需要渴望些什么，哪怕这份渴望是个幻象。于是，人需要喜欢些什么，依恋些什么，即使实际上这样东西没有成就他，反而毁了他；没有让他高兴，反而让他伤心。因此，斯宾诺莎提出这条原理：

《伦理学》，第三部分，命题十二："心灵总是尽可能努力去想象那些能提升或助长身体的行动力量的东西。"

因为身体的状态会反映我们的精神状态，反之亦然，所以我们更喜欢去想那些让我们的身体变强、让它拥有更多力量的东西。有些东西一出现就会让我们获得快乐，继而提升我们的活力、信心、能力——也就是我们的力量。即使没有这些东西，我们也会禁不住去想象这样一种快乐的理由，无论是真实的还是虚构的。

我们都过有这样的体验：一场浪漫邂逅、一段和谐的家庭生活、一份坚实的友谊，曾让我们感觉自己成为被关注的中心，拥有更强烈的生活渴望，对自己和他人有更强的信心，变得更加积极和勇敢。例如，在伴侣关系中，我们感觉自己成了另一个人：更强大、更自律，能够充分挥洒活力，直至精疲力竭。当关系恶化时，我们的伴侣带来的不再是快乐而是苦闷，但我们还是继续把对方当作能够提升力量的快乐的理由。一旦提出分手，我们又变回孤身一人，而我们继续想象一个类似的快乐理由——无论是对失去的人表示怀念，还是把同样的感受和渴望投射到我们偶然遇见的人身上。尽管对象是错的或者是虚构的，我们还是始终需要将情感投射到某样东西上。

我们只能这样做，因为这源于我们的生命力量，源于我们内心力量的平衡。为了让我们在面对生活中的困难和危险时坚持下去，给自己力量去攻克难关，我们才想象出能让自己变强的东西。反过来，我们努力否认在我们看来有威胁的东西存在，这就是为什么有些人不惜一切代价去怨恨，去对抗不存在的危险，去为一些虚构的理由而斗争……

尽管我们只能依附于一些人为创造的爱或恨的对象，

但是至少可以试着去理解这种依赖有怎样的联动机制。是哪些骗人的表象异化了我们的欲望，也就是说，让他专注于对他而言异化的甚至有害的对象？

斯宾诺莎指出：

《伦理学》，第三部分，命题十五："任何事物都可能会意外地成为快乐、痛苦或欲望的原因。"

因而，往往是偶然事件替我们选了所爱的事物，并没有真正的原因。这些模糊的认同感是怎么形成的？我们的情感是怎么跟偶然的对象联系到一起的呢？

情感误区之旅

斯宾诺莎建议对我们的情感误区做一次真正的分类梳理，认真拆解情感的机制。我们的激情接连产生，从一种激情转移到另一种激情，从一种激情切换成与之相反的激情，而它们总是遵循着严谨的规律。我们可以将其说成是一种情感的流行病学（épidémiologie）：我们的情感是具有感染性（contagieux）的，它在物与物、人与人之间传播，遵循着邻近性（continguïté）、相似性（ressemblance）、情动模仿（imitation affective）、相互性需要（besoin de réciprocité）、反向情动强化（renforcement des passions par leur contraire）的机制。

爱蔓延到相邻的事物上

在这些机制中最常见的，是因为邻近性而产生的联结。某件事情曾在某一刻让我们感到开心幸福，而与此同时，它会不期然跟另一个人或另一个事物联系在一起——后者对我们而言无关紧要，甚至让我们感到难过。尽管这第二个人或第二件事物从来没有为我们带来过快乐，但此时我们会爱上它。我们在一些特殊场合遇到某个人，便爱上这个人，其实让我们感到开心幸福的是我们相遇的这个场合。度假期间的浪漫邂逅也是如此：由于无忧无虑又悠闲安逸 (dolce farniente)，我们会比平时更加兴奋，迷恋上偶然走在沙滩上的人。对某些人而言，相遇和展示魅力的桥段本身就是幸福的来源，登台或同意配合的人是谁并不重要……在其他情境中，我们爱上某个人是因为他的职业令我们产生遐想，或者因为他来自一个我们想要探索的文化。

但是这个机制的作用也可以反过来：我们不是因为一个人展现在我们眼前的东西而爱他，而是因为这个人而爱上他所展现的东西。这样，爱一个人就转变成了爱一种理念、一种语言、一种艺术或一个地方。因为爱我们的父母，我们会接受他们的品位和政治观点。有些人因为崇拜自己的医生叔叔而成为医生，哪怕这个职业完全不适合他，而另一些人则会去所爱之人的国家生活，接受那里的风俗习惯，哪怕他们的爱早已消失不见。因而，最初所爱的对象，只是爱其他事物的一个契机而已。

我们将相似的事物混在一起

情感误区中最简单，或许也是最显而易见的，就是因为相似性而产生的联结。我们喜欢跟我们曾经爱过的事物相似（ressembler）的东西，我们喜欢的人让我们回想起失去的爱，我们寻觅的情景看起来类似于那些曾经让我们感到过快乐的情景。

这是一种略显粗浅的概括性（généralisation）形式。我们会情不自禁地为事物建立起分类目录（catégorie），根据相当粗略的相似性把自己的经历分门别类。问题在于，这些相似性极少涉及我们过往经历中真正的关键点。我们喜欢一个人是因为他像另一个人，但是他并不因此就拥有另一个人真正让我们喜爱的品质。恨也遵循着完全一样的原理：第一个人的某个特征激起了我们的恨意，随后我们便会恨上那些和他在另一个（autre）特征上相似的人，尽管那些人并不具备最开始引起我们恨意的特征。在这两个案例中，我们的爱或者恨都没有获得任何好处，也没有真正的原因；我们的激情基于虚假的目标，而我们在这非理性的情感中耗尽力气。

从来没有完全相同的事物，从定义上看，相似并不是相同。一件事物有可能很像曾带给我们快乐的另一件事物，但是这种相似跟带给我们快乐的原因无关。我们因为某个人的幽默喜欢上他，而我们会以为自己喜欢跟他衣着相似、宗教信仰或职业相同的人……尽管这些人拥有表面上的相似性，但是实际上并不能引起我们的兴趣。然而，还有更糟糕的：一样东西可以既像我们喜爱的事物，又像我们厌恶的事物。比如对动物来说，陷阱或诱饵可以作为食物让它们活下去，但同时又带来死亡。有些人可能会跟我们关于幸福的意象 (image) 很相似，但是他们的行为却让我们变得不幸。因为他们唤起了我们两种截然相反的回忆，引发了两种不同的情感，使我们陷入在爱与恨之间、快乐与悲伤之间、吸引与排斥之间拉扯的状态。斯宾诺莎将其称作灵魂的摇摆 (flottement d'âme)。在这种时候，我们的激情最为激荡。为了保持某种一致性，我们会不停地放大爱意来压制恨意，或者升级恨意来掩盖爱意。因而，一个已婚男人的情妇会不停赞美他非凡的道德品质，以此抑制对他无法做出选择而产生的愤怒。又或者反过来，我们会在那些暗暗吸引我们的人身上挑出很多缺点。欲望总是与恐惧联系在一起：我们越是渴望一样东西，就越害怕它无法实现。于是，我们在两个极端间摇摆，徘徊在同一枚硬币的两面。对一个人产生的欲望和恐惧撕扯着我们，我们对他既爱又恨。因而，一夜之间我们的情感可能会发生一百八十度的翻转：爱骤然转变成恨，或是反过来。这是因为，我们的感情从一开始就是模棱两可的。

情感模仿

我们的欲望和情感是从其他人那里获得启发借鉴的。通过模仿（imitation），也就是认同（identification），欲望和情感就像病毒一样从一个人传给另一个人。我们会很自然地去喜欢所爱之人喜欢的东西，同时厌恶他们厌恶的东西。我们也会同样自然地去厌恶敌对的人喜欢的东西，而喜欢他们厌恶的东西。

这种机制很容易得到解释：我们所爱之人的快乐会让我们感到快乐，因为它使我们爱的人变得强大，而他带给我们的快乐也间接地增强了。同样的，所恨之人的悲伤会缓解我们自己的悲伤：他受到悲伤的削弱，有害的影响力也减弱了，从而减轻我们感受到的悲伤或脆弱。

但是我们也要看到，由于这个机制，我们的欲望和依恋如何远离了我们的真实感觉：我们牺牲了我们喜欢的东西，去喜欢所爱之人喜欢的东西；我们抛弃了自己的快乐，以使自己以他人之乐为乐。通过自我社会化，我们幻想的欲望已经不再是一种简单的误认（méprise），而最终成了一种异化。在认同其他人的情感和欲望的过程中，我们忘记了自己的欲望。

这样一来，就产生了类似怜悯（pitié）和嫉妒（envie）的情感。怜悯是一种对我们来说很健康的情感：我们为他人的悲伤而悲伤，在最好的情况下，这促使我们去提供帮助。然而，它还有个孪生姐妹叫嫉妒，嫉妒是情感和社交上真正的毒药：嫉妒的人对他人的幸福感到悲伤，却对他人的不幸感到快乐。于是，这种快乐和悲伤的错乱会导向一种最使人异化的性格：如果能让被嫉妒的人变得不幸，我们愿意牺牲自己的幸福。怜悯似乎是值得我们称赞的，而嫉妒则相反，它令人憎恶：但是这两种情感的共同之处在于，我们自己的情感在这里都只是另一个人情感的映像。因而，异化到达了顶点：模仿和与他人比较的机制让我们忽视了自己的欲望，以至于我们只能以他人的标尺来衡量自己的幸福。

正因为如此，情感模仿的机制最终关系到全体人类：我们随时能够模仿任何一个同类的情感。别人喜欢我们所喜欢的东西，就会强化我们的爱；而只要别人不喜欢，就会让我们产生怀疑。当我们异化到这种程度，忘记了自己真正的欲望，我们便需要不停地用别人的欲望来让自己安心，需要他人支持的目光来振奋和强化我们的自然倾向（conatus）。

我们假设其他人不喜欢我们所喜欢的东西，于是我们会怀疑自己的爱，我们因爱而感到的快乐，会和因看到他人不欣赏自己所爱之物而感到的悲伤混合在一起。这时，我们有两种选择：要么我们改变所爱之物，要么接受他人的品位、爱好和价值观。我们会迷恋朋友的伴侣，遵从主流政治观点或是追逐最新的时尚。"她很美，像另一个人的妻子一样。"罗曼·加里[1]写道。虽然这种反应看上去令人不齿，但这还不是最糟的。因为相比于改变自己的品位和价值观，让它们与他人相匹配，我们还可以试着改

---

[1] 罗曼·加里（Romain Gary，1914—1980），法国小说家、电影编剧、外交官，曾两度获得龚古尔文学奖。

变别人的品位和价值观，通过魅力或暴力，把我们自己的品位和价值观强加给他人。斯宾诺莎把这种情感称作功利心（Ambition）。

《伦理学》，第三部分，命题三十一，附注："这种让每个人都赞同我所爱或所恨的东西的努力，其实就是功利心。所以我们可以看出，每个人生来都想要其他所有人依照他的意思来生活；但如果人人都这样做，那么每个人都会成为彼此的阻碍，并且如果人人都想被其他所有人称赞或喜爱，人们就会陷于互相的仇恨之中。"

这样一来，我们对爱、欣赏和认同的普遍需要，就变成了普遍的恨和鄙视。正是因为每个人都希望被喜爱，并且希望自己所爱的事物也同样被喜爱，所以所有人最终变得相互憎恨。我们当代的世界一直受到这种可憎情感的支配，而它也曾对历史造成破坏。在所有时代、所有领域里，人类都渴望将自己的价值观、品位和生活选择强加给别人。

然而，支撑着所有这些——身体或精神上的——暴力的，并不是利益的引诱或对权力的嗜好，而是我们自身欲望的不确定性，甚至是脆弱性。我们无力承担自己的欲望，因而最终希望人人都拥有同样的欲望。因为我们实际上并不确定自己喜欢和想要什么，所以我们需要其他人喜欢和想要的东西跟我们一样，来让我们安心。

当我们面对专属性——只能被唯一一个人拥有的欲望对象时，这种激情会变得更严重。这种情况会发生在我们只渴求那些受到他人追捧的女人时，或者一份工作只有被他人垂涎才让我们产生向往时。其实，似乎有两种难以相互调和的因素在激起我们的欲望：一方面，一样东西让越多人渴望，就越能引发我们的欲望；另一方面，这样东西如果能得到的人越少，就越能引发我们的欲望。这两个条件相互排斥——我们想要那种人人都想要，却只有一个人能得到的东西，于是我们卷入了与他人的竞争和冲突之中。此时，我们的欲望必然导向对抗、嫉妒和猜忌，继而变成暴力和战争，而另外两种机制将使这些情感更加激化。

相互性需要

这个机制在情感模仿的过程中已经开始了。我们不满足于喜欢所爱的对象并与之产生联系，我们还希望自己反过来也被喜欢，我们希望情感是相互的（réciproque）。因而，当我们的爱没有得到回报时，其中便加入了恨意。当我们认为自己做了对他人有益的事情，我们会憎恨那些显得忘恩负义的人。因此，我们的爱带有专横的一面：要求得到爱作为回报，并在未能如愿时以恨相威胁。我们会以同样的方式来设想恨的相互性。我们会毫不犹豫地相信一个讨厌的人对我们怀有恶意。而反之，只要想象出某个人的恶意，我们就会对他产生敌意。当我们像这样将自己的情感推及他人时，这些情感被我们放大了：如果我想象对方因为我恨他而恨我，那么我就有了更多一层理由来恨他。

反向激情的强化

从最后的这些例子我们能看出，爱很容易变成恨，一种感情很容易走向它的反面。这些反转不但没有削弱我们的情感，反而使它更加激化：

《伦理学》，第三部分，命题三十七："对于由悲伤或快乐、由恨或爱引发的欲望，情动越大，欲望就越强烈。"

命题三十八："假如一个人开始恨他所爱的对象，那么他对后者的爱便完全消失了。并且他将因此怀有更强烈的恨意，如果不曾爱过，还不至于如此恨，而且他一开始爱得越深，那么现在恨得就越深。"

因而，激情的确可以转向它的反面，并且激情越强烈，它的反面情感也越强烈。我们爱得越激烈，之后恨得也会越激烈。未能实现的爱就是这样转变成恨的，人们最终因爱而杀人。但也正是借由这种机制，一方面，一些过去令我们鄙视或害怕的人，会变得令人刮目相看。另一方面，通过彻头彻尾地捏造出对方的残忍行径，利用反面的恨意煽动和助推，我们能让爱情之火燃得更旺。

要怎么做才能不再成为这些激情恶性循环的受害者呢？请试着去理解它们的机制，跟随它们的脉络，就像我们现在尝试去做的那样，就是迈出了第一步。但是，我们必须重新审视我们对于人以及人在宇宙中位置的观念，才能更好地理解自己，继而更好地把握自己。我们将在第二部分中进行这项任务。

关键提问

1. 想一想你最珍视的东西，想一想你最相信的价值观、想法、计划。真的是这个想法、这个人或这个计划激起了你的热情，还是单纯需要相信些什么，需要去喜欢、去渴望，无论对象是什么，甚至没有真正的原因？这样一份盲目的相信为你带来了什么好处，而你付出了什么代价？

2. 你能否确定自己之所以——在感受、职业、思想观念或文化上——一见倾心，是因为那个人或那件事物本身，还是因为其他碰巧与之相关或相似的东西？

3. 你是否问过自己，你的欲望在多大程度上受到他人欲望的影响，甚至在多大程度上是由于他人的欲望而产生的呢？你是顺着他人的欲望来形成自己的欲望，还是通过对抗他人的欲望形成自己的欲望？若你明白了他人如何改变或激发你的欲望，你还能够想清楚属于自己的欲望吗？

4. 在你最珍视的欲望中，你在寻求什么？是欲望得到实现的满足，还是想要获得赞美，甚至是他人的嫉妒？在爱的过程中，你更加寻求爱还是被爱？

第二章

理解的关键

对　　必　　然　　性　　的　　爱

　　在我们情感崩溃的背后，不仅有人类心理的机制，还有从形而上学角度对人类及其在自然中位置勾勒的图景。我们其实可以把人想象成一个"国中之国"，他不受所处环境的影响，他支配自己的生活——就像国王在自己的王国里所做的一样。他服从上帝启示的法则，而非自然加之于他的法则。因而，人类是自然中的一个例外，他完全是微缩版的上帝。但另一方面，人是自然中必不可少的一部分，就像所有生物一样，人受制于自然的力量，服从于自然的因果决定关系。人类无法像想象中那样自命不凡，因此他时而感到自己无所不能，时而感到无可奈何，这使他的激情进一步激化。因为人越是感觉自己自由独立，就越抵挡不住激情幻象，并且他越是被激情裹挟，就越是自以为可以自由地去实现或对抗这些激情。

　　在斯宾诺莎看来，是宗教塑造了人类这种错误的印象。当然，各个宗教程度不尽相同，有的更讲道理、更合理、更明智，但是它们都让人毫无根据地怀抱着过度的希望和恐惧。尽管我们很大程度上摆脱了宗教承载的上帝形象，然而宗教关于人的理念始终禁锢着我们：人是高于自然法则的存在，人拥有自由意志，可以从容不迫地掌控自我、改变自我。真正的人创造了"完美人类"这个范本，而现在真正的人不得不服从于这个范本——尽管这个范本是异化的，遵循着超验性的价值以及对善恶抽象而僵化的理念。

宗教人士——先知、圣人或神学家——根本不是智者，尽管我们被教导要去相信他们。对斯宾诺莎来说，他们恰恰是智者的反面：正因为他们被自己的激情和过度的激情欲望奴役，他们才愿意否认自己，服从于一个虚构的存在，后者承诺实现其最疯狂的欲望——无论在现世还是在他世。

斯宾诺莎在《神学政治论》的开篇写道：

> 如果人能用成规来控制所有事情，或人的遭遇总是幸运的，那么人就永远不会迷信了。但是人常常陷于困境，束手无策，又因盲目渴望的好处是不确定的，人不断在希望和恐惧之间摇摆，因此人是极易轻信的……

他随后又写道：

> 就这样，他们编出无数的传奇故事，他们阐释自然，发现神迹奇迹无处不在，仿佛自然在向他们发谵语。由此我们看到，最严重的迷信者必然是那些盲目渴望未定

好处的人；尤其是在遭遇危险、不知所措的时候，他们通过祈祷和女性的泪水乞求神的救助。他们宣称理性是盲目的（理性实际上不能给他们徒劳的追求指明一条正路），将人类的智慧视作虚妄；相反，却将妄想、幻梦和幼稚荒谬的蠢话当成神的回应。更进一步说，上帝厌恶有理智的人，他不把意旨写在人的灵魂中，而是写在动物的脏器里，或者让疯子、白痴、小鸟通过直觉、神的感应来授意。恐惧让人失去理智至此境地。

正是因为我们受到激情的奴役，而激情完全是追求物质享受的，所以我们想象出一个能够在精神层面让情感得到满足的更高级的存在。我们越是受这些激情的折磨，越是感到饥渴和不满足，就越会轻信，成为宗教幻象的受害者。

笃信宗教的人是如何想象出上帝这样一位仲裁者和施恩者的呢？在斯宾诺莎看来，宗教异化人的机制和前文所讲的情感异化很相似，甚至更胜一筹。信教的人被过分的欲望折磨，脆弱又胆怯，但是他们不愿意抛却幻象。世界上当然存在完全无法实现、本身就很荒唐的欲望，宗教就以它们作为发展的基础：渴望实现永生，获得肉体的重生，通过最后的审判纠正错误，惩罚那些对我们做过坏事的人，并奖励我们的忠诚奉献。但是首先，有些更狭隘、更庸俗的欲望，我们可以把它们全部概括成想要掌握命运、想要掌控本身应受制于命运（fortune）的事情——渴望让自然屈从于我们的心意。就是这些无法实现的过分欲望，让人产生了宗教信仰的幻象。宗教人士只是无奈地进行着禁欲苦行，而实际上，他们贪婪且追求物质享受，难以控制自己的冲动，因无法满足冲动需要而在痛苦和沮丧中压抑着。最糟糕的是，为了这些无法实现的欲望，他们放弃了自己合理的、能够实现的欲望——最终放弃了自己。

斯宾诺莎在其重要著作《伦理学》的开篇，就纠正了我们对上帝的错误认识。而对于人的看法是由此引出的，他直到后面才进行纠正。在本书中，我们调换了顺序，我们首先描述了人被激情裹挟和支配的状态。现在我们会试着阐明我们对自己的看法，首先要更准确地感知自己的本性、能力及潜力，还有自己在宇宙中的位置，以此识破异化思想的蛊惑。我们只在最后一部分里才会去关心"上帝"这个谜一般的词有什么含义。

首先，我们必须抛弃对自由的看法——自由被视作一种无所不能的意志力，没有界限的自由意志。不过，抛弃虚假（illusoire）自由实际上是一种解放（libération）：这样一来，我们就不会受到自我意志的束缚，并且会甩开无法实现的理想自我模板。只有抛弃了自由的想法，我们才能接受自己本来的样子，无论它是否令我们满意——而这才是真正的自由。然后，我们不该再去认为世界是按照我们的喜好构建的：当世界符合我们期待的时候，我们马上会相信这是在奖赏我们的善举；而当世界跟我们对立起来时，我们又会觉得这是对我们罪孽的惩罚。我们需要重新思考对善与恶、美德与缺点的看法。

关键提问

1. 想一想你产生过的渴望。有哪些你在内心深处知道是无论付出多少努力都无法实现的？意识到这一点对你有怎样的影响？

2. 想一想你最根本的信仰。你承认其中哪些主要是用来帮你掩盖现实、掩饰真实自我的？如果没有这些信仰，你会变成什么样？有哪些幻象会消失，又有哪些可能性会展现在你面前？

关于自由意志的迷思

在我们看来，自由意志是人类最宝贵的东西。我们带着些许自豪相信，是自由意志让我们区别于动物，让理性的人区别于疯子和野蛮人；是自由意志带给人类其他任何生物都没有的尊严。只有在自由意志之下，我们才认为需要权利，才能够享受政治自由，才能够以民主的方式表达己见。我们相信是自由意志让别人不像对待牲畜一样对待和指使我们。因而，否定人类的自由意志便否定了人类的尊严，也就直接否定了人性。

意志的胜利

那么，让人类如此特别的这种内在自由究竟是什么呢？是自由地按照心意选择做什么，完全独立地做出决定，自由地说出要或不要、前进或后退、接受或拒绝、睡觉或起床、吃饭或斋戒、投票给右派或左派。但如果没有这种自由，我们不就是单纯的玩偶、机器，或者即使在最好的情况下，也只是受本能支配的动物而已吗？我们所自豪的事情并不止于此。因为除了能够选择做什么，我们还被赋予 (doté) 一种意志力 (force de volonté)，例如我们可以随心所欲地服从于任何选择，听从理性发出的指令，并强制自己去执行任何决定。

这种力量决定了人能否成为伟大的人。人的意志可以让他真正创造（créer）自己，把自己培养成雕塑家、建筑师；仅仅因为他决定了自己想要做（faire）什么，就能够决定自己是（être）什么样的人。因此，人很像上帝：就像无中生有创造世界的上帝一样，人类仅凭自身的意愿、向往和价值观，就能创造人生。

有时我们的经验似乎确实能证实这种想法。我们有时会付出大量精力，努力实现自己制订的目标，于是我们觉得自己做得比以往都好，改掉了我们的习惯。有时我们确实洗心革面，改变了人生。随后，我们开玩笑说我们是凭借意志力来遵守纪律、尽心尽力、抵抗住挫折和诱惑，坚持到底的。谁没有听过成功的企业家、政治家或艺术家宣称自己的成功完全归功于意志力呢？反过来，我们难道不是因为"意志力薄弱"而瞧不起失败者、疏懒的人、优柔寡断的人吗？

意志和欲望

尽管我们都有过成功的经历，但这并不能证明意志力真的是我们付出巨大努力的原因。因为我们也都有过相反的经历：当一项计划萦绕在心头时，我们不断提醒自己还有哪些必须要做的事有待完成，虽然有各种训诫警告，但我们还是无精打采而且动弹不得，不停地把想做的事情推到第二天。比如尽管想要离开自己的伴侣，甚至每天都在念叨，但是多年过去，依旧停留在并不满意的关系里。又比如想要换工作，甚至每天早上都会剪下招聘启事，但是从来没有参加过哪怕一场面试。再比如想要戒烟或者控制饮食，但是对于前一天承诺再也不做的事情，每天早上起来却都会再犯。

在这些情境里，我们只是缺少意志力吗？如果答案是否定的，那么是不是也应该承认，在我们真的完成计划时，起作用的不只是我们的意志力？有没有可能，关键在于别的事情，它们远不在我们意识所及的范围内，无关于我们对自己刻板而肤浅的认识？

我们可以做出下面的假设：当我们感觉自己意志力很强时，当我们成功进行某件让我们惦记的事情时，有一种难以抗拒的渴望推动着我们，它完全不受意志力的控制。我们只是处在天时地利人和的情境之下：这些力量推动我们朝着我们想要的方向行动。于是，我们会禁不住——这是符合人性的——认为是意志力赋予我们力量，尽管实际上力量来自别处。

想象你在山上的一片冰湖上滑冰，有一阵风推着你前进。你真的会觉得这快得吓人的速度是因为你双腿的力量吗？情况反过来，逆着风滑冰，尽管你用尽全力还是完全没法前进，你认为这是由于意志力不够吗？显然，在这种情况下，你需要重新确定方向，换一个目标，顺着风向而不是跟它对抗。然而，正是因为我们相信自由意志，所以不会这样做：我们想要证明自己是自由的，我们为自己的意志力感到自豪，所以努力逆着风滑冰，直到精疲力竭。因而，我们对自由的信仰让我们无法真正自由，也就是说无法利用而非对抗约束条件——无论是风还是其他什么，或是我们自己的局限。我们应该懂得把约束条件当作动力而不是阻碍，一往无前，去激发我们的潜力，提升我们的力量。

是拥有选择的自由，还是欠缺欲望的能力？

让我们概括一下。因为想去顺风的地方，所以我们相信自己的行动只取决于意志力。当风将我们推向反方向时，我们责怪自己缺乏意志力，没有遵守纪律。但有时风平浪静，有时风从四面八方吹来：我们也被相互矛盾的欲望拉扯着。

在这种情况下，我们既被不可调和的欲望折磨着，又因缺乏动力、犹豫不决、毫无兴趣而苦恼。没有什么会将我们推向这边或那边，我们似乎可以随心所欲地选择；于是我们感觉拥有自由意志，可以任意地前进或后退、接受或拒绝、喝水或吃饭，因为对我们来说其实是一样的。在这些可能之中决定这一种或那一种，只需要付出一点点意志力。然而，这并不能表明意志是自由的，只能体现出我们的欲望是不确定的。当我们最终做出决定，很有可能并不是因为意志做出了选择，而是在那些相互矛盾的欲望之间权力关系发生了变化，其中一个欲望占据了不容小觑的位置。

神经生物学最新的实验证实了斯宾诺莎的所有推测。本杰明·里贝请受试者做出决定并研究他们此时的神经活动，证明做决定源于神经递质的交换，而人在神经递质交换完成的半秒到一秒后才能意识到做出了决定。我们真正的决定是在无意识的状态下做出的，不管我们是否愿意。有意识的决定——我们引以为傲的意志力作用在之后才出现，无法对我们的行动产生丝毫影响，只是一种附带现象（épiphénomène），反映或者说映照出真正让我们行动的力量。因而，三百多年前，斯宾诺莎这样写是有道理的：

《伦理学》，第二部分，命题三十五，附释："人们欺骗自己，认为自己是自由的，这种看法的唯一根据在于他们能意识到自己的行为，却不知道决定行为的原因。他们之所以认为自己拥有自由，是因为不了解自己行为的任何一个原因。当他们说人的意志决定行为时，他们并不明白这些话的意思。实际上，这些耀武扬威、设想心灵拥有位置和居所的人，通常会引人嘲笑或令人恶心，他们之中没有人知道意志是什么，也不知道意志怎样驱动身体。"

相信欲望本身

如今神经科学让我们对"意志是什么，意志怎样驱动身体"有了更多认识。但是对于这个很大程度上仍停留在思辨阶段的学科，无须探讨更深入的细节，我们已经可以得出下面的结论。

当我们感觉意志很强的时候，实际上是因为只有一个欲望驱动着我们，目标一致，没有分歧。当我们感觉意志薄弱的时候，是因为有两个相反的力量推动着我们。而当我们因为不在乎并且尚未做出决定而感觉自由的时候，是因为相反的欲望达到了平衡。

我们称赞一些人的意志和个性力量是有道理的。他们的特点是受到唯一一种主导欲望的驱动，而不受相反欲望的干扰，并且能够意识到这种欲望，不去进行对抗。但是，相信自由意志会使我们无法享有真正的自由，相信意志力会使我们无法运用自己真正的力量。因为如果相信自己能够随心所欲地做出选择，我们就会忽略自己渴望的东西。当我们相信自己有能力实现任何想法时，甚至会忽视自己身上蛰伏的潜力。更糟糕的是，因为号称自由，我们最终阻碍（opposer）了这些力量，正是因为我们以为能凭心意自由地实现自我，所以我们变成了自己的绊脚石。

关键提问

1. 回想一下你人生中最重大的改变、最引以为豪的变化和成就。它们是源于你的意志力，是在你做出有意识的——有时是很艰难的——决定之后达成的，还是源于你不一定能意识到的内心状态和内在力量？如今拉开距离客观地看待它，你是否有更清醒的认识？

2. 你还记得那些犹豫不决甚至虚弱无力的时刻或阶段吗？你是怎么走出来的？是在意志力的大力推动下飞快做出了决定，还是以其他的方式解决了问题？

3. 想必你已经为新的一年定下了计划。这些决心、计划会鞭策你行动，还是相反，让你更加怠惰了呢？

遵循必然性

我们对自由的概念有双重误解。首先，我们错误地认为除了内在需求指引给我们的东西之外，我们还能有其他选择。其次，认为一个人只能听从自己的内在需要，也同样是错误的。

我们只能如自己所是地去行动

对斯宾诺莎来说，只有上帝可以视作一个真正自由的存在。然而，斯宾诺莎坚持说，即使是上帝，也不能自由选择想要创造的世界，即使是上帝也没有自由意志。我们愿意想象，上帝本可以创造一个完全不同的世界：上帝本可以阻止亚当吃禁果，本可以不把他赶出伊甸园；上帝本可以阻止犹大出卖耶稣，并在耶稣被钉上十字架时回应他的祈求；他本可以阻止里斯本的地震或纳粹大屠杀 (Shoah)。我们会继续想象，他没有这样做，是因为他所做的就是他想要 (vouloir) 做的，他决定了人类的命运，他有意惩罚亚当及其子孙后代。于是，我们得出结论，这些事情应该是有意义的，因为上帝是有意为之，所以这些事情应该带着上帝想要传递给人类的启示。

可是，上帝并不能改变世界历史的走向，就像他不能让三角形没有三条边一样。世界必然是现在这样的，因为上帝在创造世界时只能听从自己内心的需求。世界只是表现出上帝力量，展现出他是什么身份而已。如果上帝可以换一种做法——如果他有得选——就意味着他想要换一个身份，意味着他对自己的身份并不满意，对做上帝感到不满；这很荒谬。一个自由的人存在 (être) 会如其所是 (est) 地做 (faire) 事，他会按照自己的本性来行动。能够选择换一种做法，意味着他成了另一个人。但是如果上帝能够选择成为别的存在，他就不再是上帝了。因而，上帝必然会做他所做的事，世界必然会像现在这样，这是上帝根据他的本性创造的样子。

在这一点上，人类的自由也是一样的。我们只能如我们自己所行动的那样去行动，没有别的选择，因为我们的行动只是对自己的表达。以另一种方法去行动意味着成为(être)另一个人，有选择意味着可以不做自己。如果一棵橄榄树想要结出苹果，我们会怎么想？如果一只狗想要喵喵叫，或者一只猫想要汪汪叫呢？如果它们都认为自己有选择，我们不会觉得很荒谬吗？

在这方面，人跟橄榄树或者狗没有区别，人没法选择是否按照本性来行动，将人类与其他生物相区别的并不是自由。人类之所以与众不同，是因为相比于植物和其他动物，他在行动、调整和反应时明显拥有更多可能性。人类更复杂、更灵活、更智慧也更强大，但是人并没有更自由。虽然我们可以做非常多的事情，但是就像猫只能喵喵叫而狗只能汪汪叫一样，我们也有着必然的限制。

我们受制于宇宙的必然性

但我们的行为并非只是不由自主地去表现我们的本

性，因为我们和上帝不同，不是无限的存在。相反，我们不断遇到限制和影响我们的其他力量。我们无法独自维持生存，而需要求助于整个环境。即使我们的行为只是对本性的表达，也必定会因为自然和社会加诸我们的所有力量而受到碰撞、揉搓和改变。我们的行为体现了周围所有力量的总和——地心引力、生物法则、亲属压力、社会限制、身心需要——我们自己只占很小的一部分。

因此，一方面，自由不是一种选择的能力，而是一种内在的必然性。另一方面，这种内在必然性永远无法得到完整的表达，因为我们人类受制于整个宇宙的必然性，后者的力量比我们强大得多。即使摒弃了对自由的错误看法，我们还是需要承认，我们的自由实际上是非常脆弱的。

从这两点来看，我们可以更好地理解为什么自由的概念成了我们的阻碍，自由反而妨碍了我们发展自己的潜力。当我们自以为自由时，我们变得看不清自己，也看不见影响我们的实际限制条件。不了解自己的天性，就等于切断了自己的力量来源；不了解限制我们的束缚，就注定要忍受其限制。

现在我们更清楚地看到个人发展的关键所在，我们首先应该问自己：我必不可少的内在力量有哪些？我身上有哪些事情不属于选择？然后，怎样改变我们环境中的限制，使得环境不会阻碍这种内在必然性，反而能够提供支持和激励？

如果不能完全摒除关于自由和意志力的看法，自我实现的这个步骤就无法进行。

别再改变自己，去改变环境

如果我们想要进步，就不应该再想着改变。我们可以改变看待自己的目光，但是不要改变自己的样子。我们已经指出，想要有选择，就意味着想要成为我们以外的其他人。我们的行为是必然性的表现，是我们的身份、想法、感受、经历的必然结果。我们当然可以去想象其他行动的可能性、其他的存在方式，但是哪怕有这些勉励和幻想，我们的行为仍然体现着我们的本质，这并不以我们的意志为转移。

我们有时感到非常不自在，宁可自己完全变成另一个人。但是假设我们终于变成了另一个人，此时我们就不再是那个想要这样改变的人了。一位管道工梦想成为一名消防员，但他不知道当他成为消防员的那天，这个职业就不再是他的梦想了，因为这是管道工的梦想……在做这些的时候，管道工的身份并没有改变，相反，他表现出并且确认了自己深层的本性，他渴望改变并渴望新的体验。这本性不是选择，而是一种内在的必然性；管道工更换了工作，却并没有证明他拥有自我塑造的自由，只是加深了他在探索和征服上的必然性。

觉得能有意识进行选择的想法并没有让我们更强大，而是让我们变弱了。它不仅让我们放下了自己真正的力量，还导致我们跟自己的力量进行对抗。我们以为凭借意志就可以拥有自身欲望之外的其他欲望，以至于跟我们自己的欲望进行战斗 (lutter)。但是在这场战斗中，无论是我们的意志（以及支撑它的所有价值取向）还是我们的欲望，都必定落得两败俱伤。让我们回忆一下，在斯宾诺莎看来，欲望是"保持存在的努力"，是"人的本质"。那么，意志与欲望的战斗就是人对抗自己的战斗。无论这场战斗造成什么样的损失，欲望始终都会得到展现并引导我们的行动，但这会导致欲望变得虚弱、干瘪和平庸。

实际上，我们可以在不削弱自己的情况下，把精力有效地用于解决那些阻挡我们的欲望、妨碍我们实现内在必然性的外部因素上。那么，重要的问题就不是如何改变自己，而是如何改变环境 (environnement)，让我们的天性得以显露出来。我们既可以找一个适合这种天性的环境，也可以改造现存的环境。

接受外在必然性

我们当然可以向往独立、自主、自给自足，而接纳内在必然性提升了我们的力量，也的确让我们更加独立自主。

但是我们永远也不能摆脱所有 (tout) 的依赖关系。如果我们想象自己能够做到，就会更加受其所害。这跟对自由意志的幻想导致我们受害是同样的道理。我们以为自己是自由的，于是会背离自身的内在必然性。这让我们再也不能运用由此产生的力量，进而变得更加虚弱。如果我们认为自己是独立自主的，就会摆脱那些限制和拘束我们的依赖关系，这样一来，我们便会承受它们带来的更严重的后果，我们越是意识不到这一点，后果就越严重。

所以，问题并不是"如何不再依赖"，而是"要去依赖什么"；问题并不是"如何不被限制"，而是"哪些限制能成就我们，而哪些会毁掉我们"。人类只是自然的一部分，自然在力量上比人类强无数倍。人不可避免地受到自然的限制，不可避免地依赖自然。但有些依赖关系是有害的，而另外一些对我们有所助益；有些限制是摧毁性的，而另一些限制是建设性的；有些限制会激发我们的欲望，而另一些会抑制我们的欲望；有些依赖关系会增强我们的力量，而另一些会削弱我们的力量。

因而，通过完全接纳自己的限制和依赖关系，我们便可以实现真正的——而非虚幻的——自由，正如通过完全接纳自己的内在必然性也能让我们实现这一点。因为只有认识 (connaître) 到这些限制，我们才能对它们进行调整，以适应我们的内在必然性。科学技术领域所有的进步都遵循这个原则：我们必须认识到地心引力的限制，才能建设吊桥和制造飞机；我们必须认识到生物有机体的限制，才能治疗疾病并延长人的寿命。如果我们否认和忽视这些限制，就会像伊卡洛斯[1]烧掉翅膀一样毁掉我们自己，或者一旦出现感染便失去生命。

我们个人生活中的行为只能遵守这个原则。真正的自由就是对必然性的认识 (connaissance de la nécessité)，无论是内在的——我们的欲望，还是外在的——心理和社会上的限

---

1 伊卡洛斯是希腊神话中的人物，他与父亲达罗斯使用蜡和羽毛制成的翅膀逃离克里特岛。但他因为飞得太高，双翼上的蜡被阳光融化而跌入水中丧生。

制。因而，斯宾诺莎给我们提出的救赎之路是通过认识必然性实现对必然性真正的爱（amour）。这就是上帝的智性之爱，或者说是至福，《伦理学》便以此作为结束。

关键提问

1. 你如何看待选择：是当作一种改变自己的方式，还是相反，当作一种深化、强化已有个性身份的方式？是你的选择造就了你的生活，还是你的生活造就了你的选择？你认为自己可以做出完全不同的选择吗？你认为自己可以成为一个和现在完全不同的人吗？

2. 你是否曾经感受过意志和欲望之间、意志和深层本性之间的冲突？这场冲突有怎样的结果，它是怎样解决的？

3. 你对生活中的限制有怎样的态度？你会试着否认和无视它们吗？你会尝试逃避，还是相反，你会试着理解这些限制的意义和必要性，并让它们为己所用？

4. 依赖——无论是依赖人、事还是物——带给你怎样的感受？你希望摆脱依赖，变得完全独立吗？你认为自己有能力做到吗？又或者，你能够把破坏性的依赖转变成更具建设性的依赖关系吗？

从选择和意志中解放出来

从现在起，我们可以来看一下，一旦放下自由意志的概念，我们跟自己和他人的关系会有怎样的改变。对于我们自己，如果接受必然性和决定论，我们就摆脱了罪恶、愧疚、懊悔、犹豫不决、格格不入和低人一等的感觉。对于他人，如果接受必然性，我们便摆脱了仇恨、嫉妒、恼火、屈辱感、哀伤和愤怒。

没有错误的选择

有时候我们会因为持续不断的愧疚和懊悔把自己的生活搞得一团糟。为什么我这样做而不那样做呢？要是我早一点知道就好了！要是我没有在二十岁结婚就好了！要是我继续上学就好了！要是我没有在这个重要的会议上提出自己的意见就好了！要是我早一点/晚一点向他/她表白就好了！

　　可是，如果我们明白自己的意志并非自由的，这些问题立刻就变得毫无意义了。我们之所以做出这个现在看来错误的选择，单纯是因为我们并没有选择：鉴于我们的天性、当时的处境和知识，我们只能这样做，没有别的办法。我们过去的行为和由此带来的命运是必然的（nécessaire）。认为我们本可以做得更好是一种事后回顾（rétrospectif）产生的幻想：只有具备了如今（aujourd'hui）的经验和知识，我们才会认为有更好的选择。因为在当时缺少这些经验，所以我们无法做出更好的选择。更何况，正是这个如今在我们看来错误的选择，让我们拥有了这些经验；而现在，我们基于这些经验进行判断，并且或许能够做得更好。如果事后回想起来，是那些错误的选择让我们学到哪些是正确的选择，我们就得承认，只要好好理解和阐释，就没有错误的选择。

　　我们当然可以花一整天的时间来批评自己、责备自己，甚至基于良心和经验控诉自己，但是我们很清楚这场劳神的自我战争并不会改变我们的处境，既不会改变过去，也不会改变未来。它只会摧毁我们的能量、信心和直觉。

接受自己的选择

与其斥责过往的失策，我们不如试着去理解 (comprendre) 这些错误。为什么我必然地——甚至是不可避免地这样做？当时这种做法对我有着怎样的意义？如今我可以赋予它怎样的意义 (哪怕现在我觉得这很荒谬)？这个错误让我对生活和自己学到了什么？理解行为的必然性——它们无可避免地面向 (aspect)——也就是学会接受并爱上我们的命运，学会爱自己，并由此接纳自己。如果不能接纳命运，不能排除愧疚和悔恨，百分之百肯定自己的人生旅途，我们就一定无法立刻采取行动。

但另一方面，我们做决定时，需要和过去的决定遵循同一套逻辑吗？因为我们并不自由，我们做的所有事情都是必然要做的，所以我们就可以认定自己对于行为的后果没有实际影响吗？换句话说，我们应该停止思考自己的选择，老实地任凭命运摆布吗？

选择就是认知

回答上面那个问题需要更细致的斟酌。斯宾诺莎并不提倡轻率鲁莽地行动，我们后面会看到他的意见是恰恰相反的。我们并不需要不停地进行意识的检验，但也不需要快刀斩乱麻地强行解决矛盾和犹豫的问题，或者在面对选择左右为难时强迫自己表明立场。

我们的选择确实是身不由己的，哪怕我们自以为愿意做某事或想要强迫自己做某事也不行。无论我们想什么，都会产生一个行动——它并不总是我们期待或希望的。如果我们意识到的意愿真的只是一种附带现象（épiphénomène）——一种没有实际结果的表象，那么反思练习和有意识的决策就都显得徒劳且多余。

可是，我们的反思也是影响决定的诸多因素之一。我们对于决定的关键越清楚，对处境和选项越熟悉，我们的决定就会做得越好。只是这并不代表决定被意志所控制，这代表尽管我们的决定是不由自主的，但是我们对关键因素的清晰认知指引着这个决定。

我们看到：做决定并不是给自己强加一个选择，而是单纯地收集所有必要的信息，以便让选择自行出现。这个过程并不需要意志，并不是经过深思熟虑的（也就是基于认知的）选择就是自由的。相反，是我们对处境的认知让选择显得更具有必然性。

决定我们行动的不是意志，而是我们的认知——无论是对我们自己还是对外部世界和他人的认知。因而，放弃意志的练习并不意味着拒绝行动或变得冲动鲁莽。

思考就是行动

我们看到，把想法和行动区分开是错误的。恰当的想法——明确且清晰的想法——促使人行动，它们必然会带来恰切的行动。相反，混乱的想法让我们感到无力，它们无法转化成行动。只要我们的想法是混乱的，我们就会认为拥有选择，因为我们没有针对任何一个想法着手行动。一旦我们有了恰切的想法，便只能按照它的指引将想法转化成行动，而不再有其他选择。

这就是为什么斯宾诺莎写道：

《伦理学》，第二部分，命题四十九，推论："意志和理智是同一件事。"

我们并不是一边在头脑里填满想法，一边由意志来选择最佳的想法。想法本身包含着意志，它推进行动，有可能被实现或者不被实现。因而，我们不会去期望那些在我们看来错误、没意思或没有吸引力的事情，也不能阻止自己期望那些在我们看来正确、有意思或者吸引人的事情。当然，我们有时无法下定决心去做在我们看来正确必要的事情——离开某个人、戒烟、多做运动。但是，之所以这样，是因为实际上我们并不相信这些事情是正确或必要的——我们的想法依旧是混乱的，也就是说这些想法并没有让我们采取行动，反而使我们瘫痪了。在这种情况下，我们的想法还没有足够成熟，没有足够明确清晰，我们还没有真正明白自己为什么想要离开某个人，为什么想要戒烟，或者为什么想要多做运动。又或者，这个想法是错的：我们误以为想要某个东西，其实并不想要。烟草医师罗伯特·莫利马尔在实践中证实了这个假设：有些人并不是因为缺乏意愿而不能戒烟，而是因为他们戒烟的想法不够成熟，尽管他们声称想要戒烟，但是他们并不想，或者现在还不想。

有时候，我们也会承认自己踌躇不定、意识混乱：我们在怀疑 (douter)。我们可以将怀疑视作一种带有意志的活动，我们自己决定不相信头脑中出现的想法，我们可以暂缓做出判断 (suspendre notre jugement)。按照斯宾诺莎的说法，这也是一种幻觉：

《伦理学》，第二部分，命题四十九，附注："因为当我们说某个人暂缓做出判断时，我们只说到这里，否则他就会发现自己感觉错了。暂缓做出判断当然是一种感觉，而不是一种自由意志。"

事实上，如果拥有正确有效的想法，我们就不会不采取行动。我们不行动，并不是因为我们决定暂缓所有决定，而单纯是因为我们的头脑非常混乱，无法采取行动。因而，我们既无法自由地在没有恰当想法的时候选择行动，也无法自由地在拥有恰当想法时选择不行动。是我们的认知状态决定了我们要么不采取行动，要么采取既定的行动，而行动本身并不由我们选择。

现在我们对斯宾诺莎赋予自由的含义有了更好的理解。当我们在知晓了原因的同时采取行动时，我们就是自由的，而当我们在无知状态下采取行动时，我们就是受到奴役的。无论在哪种情况下，我们的行动都不是意志选择的结果。

关键提问

把所有让你感到自责的事情列出来：过去的失误、失望、错过的会面、错误的决定。首先试着理解为什么这样做是必然的而且无法避免。有了这份理解，你会对自己少一点怨恨吗？然后，第二步，问问自己，这些错误对现在有着怎样的意义：它们以怎样的方式让你得到成长，让你认识自己？

哲学——行动

用一整天的时间，规定自己不做任何决定，哪怕是最寻常的决定也不做——去哪里吃早餐，穿哪些衣服，等等。让自己在生活中不做有意识的决定。

不要思考你的决定，而是去认真关注你的环境和你的心情。然后，在收集到尽可能多的信息后，自发地采取行动，不要思考。你会比平时更主动还是更被动呢？你会去做无意义、不理智或者疯狂的事情吗？你会比往常更专注还是更分心？你会做一些通常不会做的事情吗？

找一个你没有非做不可的事情的周日来做这项练习。如果成功了，就找一个平常的工作日来进行，然后再找一个有必须完成的事或有重要事件的日子来进行。你或许会发现，在不自觉的情况下，你已经在面对非常重要或者紧急的事情时这样做了。

当我们感觉自己拒绝行动，没有积极主动性的时候，我们以为这是因为没能做出决定，于是我们不断提问折磨自己，想要强行做出一个决定，尽管或许我们还没有完全想好。这个练习显示出，并不是没有决定让我们停滞不前，而是做决定这个过程本身阻碍了我们。不要再期待做出决定，这样我们才能更好地使用生命能量。通过观察和获取信息，我们最终能够正确地行动而无须做出决定。

他们也不是有意的

理解所有事情的必然性，抛开自由意志的幻觉，我们就会停止跟自己对抗，也会停止跟他人对抗。因为我们和其他人的情感关系建立在一个根深蒂固的观念上，我们认为他们没有做应该（devoir）做的事情，他们没有按照我们应得（mériter）的待遇来对待我们。有时更加糟糕：我们责备别人，除了怪罪他们的行为，还会怪罪他们是（être）什么样的人：谁不曾因为母亲、配偶或老板有自己的个性而感到不满？于是，我们进入了一个可怕的循环之中：如果其他人不爱我们、不够爱我们，或者没有按照我们想要的方式爱我们，要么是因为他们没有成为应该成为的样子，要么是因为我们没有成为应该成为的样子。

他人造成伤害是身不由己的

不过，当我们接受决定论的必然性时，这个恶性循环一下子就被打断了。一旦我们不再把别人做的事情归结于自由意志，承认别人的行为并非有意为之，而始终是由连他们自己都没能看到的一系列因素导致的结果，一旦我们承认他们无法决定做什么，也无法决定自己是什么样的人，我们便会立刻看出自己对别人的这些责备、要求和指控是荒谬的。

因而，学习决定论可以让我们治愈自己的创伤，更好地理解他人，以适合每个人的方式去爱他们。接受人类没有自由这件事可以带来三个层面的好处。首先，可以拔掉耻辱的毒刺，因为我们明白自己所受的伤害并不是故意而为，更不是有意针对我们的。其次，因为我们对于不可避免且必然发生的事情要比对那些看起来意外且可以避免的事情更宽容，所以看到所有事情的必然性可以平息我们的焦虑和愤怒。最后，当我们把每件事和每个人都看作大量情境的简单结果，我们就会发现自己的情感被稀释了：当我们不再聚焦于单独一件事或一个人时，我们的情绪就会平静下来。

当我们在感情上受伤时，什么事对我们影响最大？是别人损害了我们，还是我们欣赏和尊敬的人故意 (intentionnellement) 伤害我们呢？肯定会有一些伤害留下无法消除的痕迹：在某个人做出行动之后，我们会发现自己吃了亏、处境艰难，或者遭受灭顶之灾。然而，大多数让我们长时间心怀仇恨的屈辱经历并非如此。当我们遭遇朋友背叛、被伴侣抛弃，或者得不到老板赏识而被辞退，是什么让我们备感屈辱？是失去朋友、伴侣、领导的尊重，或者失去工作，还是那种有人故意想要伤害我们的感觉？

这些错误的行为挫伤我们的自尊心，让我们心怀怨恨。相比于我们因为被糟糕行为针对而产生的顾影自怜的屈辱感，它们的实际影响不值一提。如果我们接受其他人也没有自由，就可以理解，当他们伤害到我们时，并不是故意的。所有的真实经验、所有的爱与激情、所有在情感和家庭中的经历，导致他们欺骗我们、羞辱我们、背叛我们或抛弃我们。在这份伤害背后，并没有蓄意造成伤害的意志，只有一连串既没有被我们注意到，也没有被他们察觉到的原因。

同样的，这份无意识的伤害并不是针对我们的。当你遭遇雪崩，或者你的车被偷了，你一定不会觉得山或者窃贼在针对你。你只是在错的时间去了错的地方。当一个醉鬼在地铁里对你说话，你马上就明白他并不是想对你说，他会对任何一个在路上遇到的穿着得体的人说话。

在错误的时间，在错误的地点

我们所有的际遇以及由此产生的所有关系都是如此。当我们受到父母、伴侣或同事的攻击时，他们并非冲着我们而来，而是冲着任何一个在他们的情感剧本中拥有身份或扮演既定角色的人，有嫉妒儿子的父亲、厌恶女人的男人、妒忌同事的职员。如果你不幸扮演儿子、女人或是同事的角色，你就是在错误的时间来到了错误的地点：在某个时刻，你将会成为这本书第一部分里所讲到的情感误会的对象。

我们似乎更难接受其他人的爱，也是由这个机制决定的。实际上，如果其他人爱我们，并不是因为他们有意决定这样做，也不是因为他们特别选择了我们，而是因为在某个时刻我们可以扮演他们情感剧本里的既定角色。

因而，我们生活中的事件——无论是飞来横祸还是朋友或敌人的行为——都不是有意安排的。这都是意外，但这些意外是必然发生的。理解这一点会深刻改变我们面对生活中事件的情绪反应。

《伦理学》，第三部分，命题四十九："即使出于同样的原因，相比于必然的事情，我们对于在我们看来自由的事情所产生的爱和恨也更加强烈。"

相比于看起来可以避免的事，那些看起来无法避免的事对我们影响更小——无论是好事还是坏事。我们之中很少有人会对数学公理或物理定律感到不满，因为我们知道它们是不可能改变的。可是，我们却会对男人的利己主义或女人的变化无常感到不满。相比于老人在预期范围内的死亡，我们对孩子意料之外的死亡更加愤慨，这是因为我们承认前者的必然性，而不承认后者的必然性。斯宾诺莎这样写道——

《伦理学》，第五部分，命题六："只要理智理解所有事情都是必然的，它控制情动的力量就更大，换句话说，就会少受情动之苦。"

他在附释里继续写道：

我们看到，实际上当失去财富的人认为这项财富无论如何都不可能保留时，失去财富的悲伤便得到缓解。同样的，我们看到没有人同情婴儿不会说话，不会走路，不会思考，也没有人同情婴儿没有自我意识。但是，如果大多数人生来就是成人，而个别人生来是婴儿，那么我们就会同情每个婴儿，因为那时我们会认为婴儿的状态不是自然和必然的，而是将其视作自然的缺陷或过失。

情感的稀释

接受必然性会让我们的情绪得到缓和，但是也会让它发生转变。因为我们的爱或恨不再只是对着那个在我们看来导致情绪的个人，而是对着一连串的因果链、一系列促使那人这样做的环境因素。如果我们厌恶办公室里骚扰我们的同事，那么我们也应该厌恶所有促使他做出如此行为的人：他的老板、配偶、母亲、兄弟……因而，情感的能量分散到多个人身上，对于引发情绪的人便不再有很强的情绪了。我们发现去厌恶所有这些对我们什么都没做的人很荒谬，最后便也不再厌恶那个真正伤害到我们的人了。

因而，接受决定论、接受人没有自由，我们便学会了宽容（tolérance）。我们不再因为其他人不符合完全虚构的范本而感到不满，我们关心他们，仅仅是因为他们的个性，还有他们展现出的些许缺点。斯宾诺莎这样写道：

……每个个体都拥有维持自身状态的至高权利，也就是有权按照自然决定的条件去存在和行动。在此我们不承认人类与自然中其他个体存在任何区别，也不承认有理智的人和其他不明事理的人之间，疯子、傻子和健全人之间存在任何区别。（《神学政治论》，第十六章）

和有理智的人相比，傻子、疯子、狂热分子和极端分子拥有同样的权利，可以听凭己愿来存在和行动。我们容忍他们的行为，因为我们知道他们这样做并不是故意的。当我们考虑到导致他们这样做的一连串环境因素时，怨恨和怒火就消散了。于是，我们的情绪会投给整个自然，得到稀释和削弱，因为我们不再聚焦于单独一个人，而是关注到一个因果关系网。

理论上讲，这份宽容肯定是没有限制的，但是在实际（pratique）情境中存在限制。对于做出某些行为的人，我们最好不要与之交往。而对于另一些人，我们最好让他们远离社会生活，他们必须想尽一切办法改变自己的行为。这就是为什么现在我们要来探讨关于恶（mal）的问题。

关键提问

想一想你的过往经历中最深的创伤。不要尝试原谅那个伤害你的人，而是试着去思考所有促使他这样做的原因，这些原因无论如何都与你本人无关。理解这个事情的必然性，并且知道他并非特别针对你，会改变你的创伤并让它有所缓和吗？

哲学—行动

下一次当你和某人发生冲突时，试着改变你的态度。如果你知道你们都不是造成这次冲突的原因，并且你们什么都无法改变，你就可以完全接纳这个人的缺点和怪癖了吗？哪怕是最令人难以忍受的坏脾气？你能欣然和这个人做伴吗？采取这种做法并保持下去，观察你们的关系是否出现变化。

恶只是错误的际遇

恶的存在这个问题始终困扰着哲学家们。怎么解释战争、疾病、自然灾害的突然发生，怎么解释人类激情的激烈爆发？解释恶难道不等同于为它辩护吗？更糟糕的是，要怎么接受我们经历过的恶必然存在，同时又相信上帝对人类怀有仁慈善意？如果上帝无所不能，为什么它还允许恶存在呢？

只有中毒，没有恶

通常的回答是，恶相对于由他者创造的善只是小恶。这个光辉闪耀的世界不可能没有一点恶，就像没有不带刺的玫瑰，没有不带阴影的光亮。

这不是斯宾诺莎的回答。任何善、任何完美都不能说成是由恶实现的，以此来为恶正名。为什么需要恶来实现善呢？恶能产生善吗？事实上，善和恶都不需要证明。人类寻找对自己有用的东西，将其称为善。善不需要自我证明，因为人的欲望、本性推人向善。为什么相对于善，我们更需要解释证明恶的存在呢？恶没有任何用处，没有任何意义，无法达成任何目标。

那么，要怎么看待那些破坏人的生活、对和平造成威胁、阻碍人与人之间和谐相处的事物呢？怎么看待海啸和毒蛇呢？海啸本身（en lui-même）是危险的吗？不，只有当海啸造成人类死亡、毁坏建筑物、破坏农作物时，它才是危险的。毒蛇是有害的吗？不，只有当它咬伤无法抵御其毒液的生物时，它才是有害的。

因而，斯宾诺莎的回答如下：恶并非存在于事物之中，而是存在于它们的关系（relation）之中。任何事物本身都不是有害的，只有在它们损害其他事物或破坏其他事物的情况下，它们才变得有害。因此，斯宾诺莎把恶想象成中毒（empoisonnement）：当两个本不该相遇的事物碰到一起时，便产生了恶。毒药——就拿蛇毒举例——本身并没有危险，但人类摄入毒药就是危险的。恶只是两个无法调和的事物不幸地碰到一起。我们随之引出两个重要的结论。

首先，一般来说没有任何事物是绝对的邪恶。对这个人有害的东西对另一个人可能有益。有些食物对人类是有毒的，但对一些动物是维持生命所必需的，反之亦然。对人类有害的东西可能对整个自然是有益的。而且，在某一时刻有益的东西在其他情况下可能有害；一个在我们二十岁时对我们造成伤害的人，如果我们五十年后再遇到，可能会给我们带来好处。斯宾诺莎在他著名的一段话中这样写道：

《伦理学》，第四部分，序言："音乐对忧郁的人是好的，对绝望的人是坏的，对失聪的人不好也不坏。"

如果我们不了解恶，恶就会更严重

当我们懂得把事物调整到合适的环境中时，恶的问题就会解决。只有当我们不知道如何使用、如何让事物适配自己需求的时候，才会产生恶：如果我们知道如何确定剂量以及在什么情况下服用，毒药就可以变成良药；如果我们懂得如何开挖堤坝、修筑水渠和水力发电站时，具有破坏力量的洪流就会成为能源。涉及人类的恶行则必然更加复杂：谋杀、战争和种族屠杀。的确，了解战争并不能让它变成好事，但是了解战争带来的紧张局势、冲突和仇恨，会使人们避免开战。

因而，恶的存在和我们的无知（ignorance）是直接成正比的。只有当我们不了解一件事物造成危害的能力时，它才是危险的。如果我们对此有所了解，那么我们不仅能知道如何避免危害，还能知道如何让它为我们所用。

这就是为什么斯宾诺莎这样写道：

《伦理学》，第四部分，命题六十八："如果人生来是自由的，那么只要他保持自由，就不会形成善恶的概念。"

我们可以反过来认为，是人类的自由让恶成为可能，因为人类能够任意进行选择，他便故意选了恶，而不是善。但是我们已经知道，斯宾诺莎不相信存在自由意志。对斯宾诺莎而言，自由的人并不是顺从自己善良意愿的人，而是在了解缘由的情况下行动的人，是了解自己、拥有理智的人。无知会阻碍人获得自由，会让他相信存在善恶之别。

实际上，斯宾诺莎在前文中写道：

《伦理学》，第四部分，命题六十四："关于恶的认知是一种错位的认知。"

我们之所以判断一样东西是恶的，单纯是因为我们不够了解它，既不足以让我们避免受其危害，也不足以帮我们让其为我们所用。因而，恶的概念是一种残缺的、混沌的、错位的概念。自由的人——也就是对自身及所处环境有意识的理性人——知道如何避开不适合他的东西，于是那些对他来说不合适的东西便不会再危害到他。因为他懂得绕过它们，所以后者便不再呈现出任何危险。

寻找能让我们更理解自己的事物

我们已经能猜到，斯宾诺莎会怎样重新阐释善与恶的概念。尽管知识可以帮助我们避免或者绕开恶，而无知会让我们遭受恶带来的伤害，但是善和恶的区别并不在于事物可能存在的危险性，而在于它们能让我们增加知识，还是相反地让我们陷入无知的境地。这就是为什么斯宾诺莎写道：

《伦理学》，第四部分，命题二十七："除了那些真正能够促进或阻碍我们理解的事物，我们无法确定地知道什么是善、什么是恶。"

我们已经看到让我们自由的并不是意志，而是理解。同样的，保护我们免受伤害的不是美德，而是知识。所以，我们应该追寻所有能帮助我们理解世界和自己的事物、经验、人，同时应该避免与所有让我们盲目行动或让我们神志不清的事物产生联系。

有些事物不能带来任何理解：它们无法让人理解或者认识，因为它们只是虚无、真空。在这些事物中有一样对我们而言可以说是绝对邪恶的——死亡。思考死亡没有任何意义，因为没有什么好去理解的。死亡，从本质上讲，就是虚无。这就是为什么斯宾诺莎写道：

《伦理学》，第四部分，命题六十七："自由的人极少思考死亡，智慧是对于生而不是对于死的深思。"

有些事物乍一看是对我们有害的，但是理解它们便能知道如何让它们为我们所用。然而，死亡并不属于这种情况。什么都不能把死亡变成一件好事，我们也不能从中获得任何知识。为了保护自己，我们不该去理解死亡，而是应该去理解生命。因此，把死亡放到一边吧，用哲学来思考生命。

关键提问

1. 想一想你人生中糟糕的际遇。你能用中毒的模型来解释自己的痛苦和狼狈吗？你可以告诉自己，你遇到的是与你的天性不协调的人、情况、环境吗？

2. 通过很好地了解情境或所遇到的人，这些际遇带来的伤害能够避免吗？在何种程度上，你的痛苦可以被解释成一种无知的形式？理解那些伤害你的事物，能够为未来的战斗提供珍贵的制胜法宝吗？

3. 有没有某些冲突最终让你变得昏头昏脑，有没有一些痛苦妨碍你思考？如果你能够理解这些事情，不妨单纯地转身避开，远离带来伤害的事物。

终极目标只有快乐

如果说恶并不存在于事物之中，而是存在于我们的际遇以及我们与它们的关系中，那么对于善来说，是不是一样呢？有什么事物本身代表着善，还是善也是某种与事物的联系？对于这个问题，没有人比斯宾诺莎更坚定。

《伦理学》，第四部分，界说：

1. 所谓善是指我们明确知道对我们有用的事物。
2. 所谓恶是指我们明确知道会阻碍我们获得善的事物。

斯宾诺莎把善定义成一样事物的用处，也就是它能够带给我们的好处，而不是这件事物自身的内在品质。可是，从本能出发，人并不会这样想。

世界没有意义

从史前时代起，人类就发现大自然为他们提供了很多极为有用的东西。有肉用来果腹，有水用来解渴，有眼睛用来观察，有腿用来奔跑。因为我们相信有用的事物是有意为之，我们跟着目标去行动——为了吃而打猎，为了穿而编织，所以我们不禁认为大自然——或者说上帝——也是一样的：是为了让我们能看见而给了我们眼睛，为了让我们能填饱肚子而让小麦生长。就这样，我们最终告诉自己，世界是为了适应我们而创造出来的。我们认为所有事物都有一个预先确定的目标——一项功能或一个目的——让它们为人类所用。但是很快，我们发现也有很多事物不仅对我们没用，还对我们有害，并且让我们陷入危险之中——疾病、自然灾害、各种各样的意外。就像我们认为有用的事物被创造出来是为了服务和娱乐我们一样，我们认为有害的事物被创造出来是为了惩罚 (punir) 我们。

基于这种信仰，人们便开始信奉大自然或上帝的旨意 (intention)。上帝创造自然时，事先有一个目标，而在创造人的时候，本想要 (vouloir) 创造一个像自己的东西，让这个创造物去履行一项职能或完成一个目标。如果人类依照这个目标行动，就会得到大自然的恩典作为奖励，而如果背离了目标，就会受到惩罚。尽管相对于创造这些神话的原始人类，我们的心态发生了改变，但是这些信仰却在我们的头脑中根深蒂固。我们一直相信存在应该有一个目标 (but)，相信人类应该依照善 (bien) 和恶 (mal) 的观念符合 (conformer) 这一信念，一个人越是符合这个模型，就越臻于完美 (parfait)。

在这个时代最普遍的烦恼——抑郁——之中，我们能看到这些看法的有害影响。抑郁的人因为感到缺乏存在的意义而痛苦。他们失去了一切动力和行动的渴望，似乎对他们而言，缺少一个有待追求的整体目标，人生就没有了意义。因而，抑郁的人很怀念古代的世界。斯宾诺莎的回答对他们来说相当粗暴直接：人生没有目标，世界没有意义，人类不用扮演任何既定的角色。上帝在创造世界时没有任何目的，没有向人类要求什么，对人类也没有什么期待。

做自己的快乐

事实上，每样事物的目标都只是尽可能如其所是地存在。除了做自己，没有别的终极目标，任何事物的目的都在于自身——每样事物都是自己的目标。完全做自己是指实现自己的潜力，施展自己的能力，依照自己的本性行动——这些在快乐（joie）的体验中展现出来。因此，存在的意义可以归结为去存在这一简单的快乐、做自己的快乐和在行动中表达自我的快乐。

但是，是什么像抑郁那样阻碍我们体验这种快乐，让我们无法完全做自己？我们有一种倾向，让我们不停地去跟完美模板进行比较，而这种完美是我们感觉自己无法企及的。这种对完美的抽象而空洞的理念的确阻碍了我们做自己。我们把当代典型的抑郁症称作疲于做自己 (Fatigue d'être Soi)[1]。这种疲惫包含两个方面：首先，我们厌倦了自己所是的样子，对自己的缺点和局限感到厌烦，想要成为其他人。其次，为了成为另一个人，为了符合一个完美的模板而不断努力，最终也会让我们感到疲惫。于是，我们处在一个恶性循环之中：我们越感觉自己脆弱且不符合期待，我们就越竭尽全力地去模仿完美模板，但是这个过程让我们精疲力竭，于是我们感到自己更加脆弱。

为什么我们这个时代尤其受到这种恶性循环的影响呢？如今我们相信每个人都有办法自我实现，而且我们也有义务 (devoir) 这样做。国家、宗教和自然的力量不再阻碍我们获得幸福，每个人都有义务实现幸福。每个普通、平庸、没有得到充分发展的人都被当作失败者。然而，让自己变得成功且独特的想法是很老套的。女人应该既在职场中雄心勃勃，又在家庭中成为完美的母亲，同时还是魅力十足的引诱者；我们要求男人既强大又敏感、既阳刚又阴

---

1 Alain Ehrenberg, *La Fatigue d'être soi : dépression et société*, Paris, Éditions Odile Jacob, 2000.——原注

柔、既富有冒险精神又深居简出。因为无法达到人们展现给我们的完美状态，我们感到脆弱，感觉自己不符合期待，于是不敢如自己所是地做自己。

更快乐就是更完美

斯宾诺莎提议彻底抛弃上述推论。

《伦理学》，第二部分，界说六："真实和完美指的是同一件事。"

我们习惯于对事物进行比较，评判某些东西比另一些更完美。但是我们凭什么说一只猫比一朵花更完美，一朵花比一块石头更完美，或者一头狮子比一只猫更完美？我们难道不是在比较一些不可比的东西吗？每样东西不都会单纯因为某种样子而不完美吗？

因而，一样东西不符合预先设立的模板并非不完美，事实恰恰相反：所有事物只要存在，就是完美的。是我们的模板和理想状态不完美，因为它们不真实。只要本身是真实的，每样事物都有自己的完美状态。盲人并不会因为没有视力而不完美，猫也不会因为不会吠叫而不完美。处在完美状态的盲人只不过和能看见的人拥有不一样的身体条件——比如盲人拥有更发达的触觉和听觉。

正是对模板和理想状态的追求让我们变得不完美，因为这让我们设想自己处在不真实的状态中，让我们无法如自己所是地做自己。不过，当我们呈现出更多自己所是的真实性——给自己更多力量时，我们可以"变得更完美"。我们知道对斯宾诺莎来说，真实和完美是等同的：一种事物越真实，它就越完美。同样的，拥有越多力量，我们就会越真实。这样一来，斯宾诺莎让美德 (vertu) 这个富有说教意味的词——它被我们习惯性地认作对自我的否定、谦卑、内疚——恢复了它真正的含义，也就是古希腊人已经使用过的含义。

《伦理学》，第四部分，界说八："美德和力量指的是同一件事。"

比起吃苦或受罪，我们在采取行动的时候更能做自己。比起感觉难过，我们在感觉快乐的时候更能做自己。当我们更能做自己时，就更加真实，因而也更加完美。实际上，我们感到难过是因为外界环境压得我们喘不过气，削弱了我们的潜力，耗尽了我们的生存意志。当生存条件阻碍我们行动，也就是阻碍我们做自己时，我们就会感到难过。因而，当我们感到难过时，我们就不能完全做自己。我们感到痛苦，因为我们觉得自己的个性以及由此而来的力量都受到了削减。

因此，是快乐的感觉让我们知道自己的行为和环境符合我们的天性，知道我们所做和所经历的事情提升了我们的力量，是快乐的感觉让我们能够做自己。我们应该在快乐中寻找完美的标志。我们越快乐，就会越完美，而我们越难过，就会越不完美、越无力。

美德教育应该教会我们如何同时提升快乐和能动性。我们会看到这两者是有联系的：我们越积极行动，就会越快乐；我们越快乐，就越有能力去行动。这样，我们就脱离了恶性循环，进入了良性 (vertueux) 循环。

关键提问

1. 你需要感觉拥有目标才能觉得人生是值得的吗？在人生中，你觉得自己有明确的职责需要履行吗？你会按照一个最高的、外在的目标——一个由宗教、政治、家庭或社会赋予的目标——安排自己的人生吗？如果没有实现这个目标会怎么样？

2. 你希望符合一个完美的模板吗？这个完

美的模板是从哪里来的？这真的与你内心深处
的自我一致吗？

哲学—行动

对于什么令你满意以及什么赋予你更高的价
值，你一定有自己的想法。你真的确定这些事情
能带给你最多的快乐吗？按照斯宾诺莎的说法，
快乐是完美的真正标准。

首先把你认为对自己最重要的、最能提高身
价的、最令人满意的事情列出来。然后，用一周
的时间，在一天当中随机设置几个手机闹铃——
一天三到四次。当闹铃响起时，记录下你此刻
的感受——快乐或者难过，精力充沛或者虚弱无
力。然后，记录下你正在做的事情。

在一周以后进行总结的时候，把那些真正带
给你最多快乐的活动和你最初列出来的内容进行
比较。如果两个列表并不吻合，就说明你的完美理
想、价值取向、生活目标和你真正的个性不完全相
符。最近的心理学实验显示这种情况很常见。

第三章

行动方法

转　　　　化　　　　情　　　　感

斯宾诺莎在《伦理学》的结尾处写了下面的话：

《伦理学》，第五部分，命题四十二："幸福并不是对美德的回报，而是美德本身。"

这让人感到很惊讶，因为我们习惯了听人说应该首先(d'abord)拥有美德——努力成为善良、慷慨、谦虚且守纪的人——然后才有能力期望幸福。更有甚者，不是还有人断言美德和幸福——道德和快乐——是不可兼得的吗？他们说因为寻找幸福本身是件自私的事情，所以只有坏人才会幸福，道德高尚的人应该虚心地满足于不做错事的微小需求。

但是对于斯宾诺莎来说，如果我们不能先感到幸福，就无法成为高尚的人去做好事，因为如果不幸福，我们就无法拥有必要的力量来保持德行。斯宾诺莎接着写道：

我们并不会因为压抑淫邪的欲望而拥有幸福；而是相反，是因为我们享有幸福，所以能够控制住淫邪的欲望。

对斯宾诺莎而言，善与恶的区别的确只是主观的判断，而非事物实际的属性。疯子或放荡的人与明智而理性的人一样拥有生存和行动的权利。因此，想要用暴力强制我们按照违背意愿的规则生活是徒劳的。

虽然如此，但也并不是所有生活方式、欲望以及由此带来的快乐都具有同样的价值。"淫邪的欲望"本身并不是不正当的。我们有理由去寻找性的快乐、食物、饮料、金钱所能买到的所有奢侈品，甚至还有施展权力或名望所产生的陶醉感，但是在生活中只追求这些欢愉而没有其他 (d'autres) 目标的人实际上过着一种荒淫而放荡的生活。这是我们有理由谴责并且想要避免的。放荡的人确实和明智的人一样有权按照自己的欲望生活和行动，但是他放纵的行为会使自己以及别人的生活变得痛苦。这些快乐行为本身并不应该受到谴责，但是如果我们将其赋予人生的意义，我们就必然会任凭命运之风的摆弄，会变得极其依赖环境的支持和他人的善意。如果我们所追寻的幸福生活只是获得愉悦，那么我们必然会陷入不幸。一旦我们没有得到垂涎的对象，就必定会对那些从我们手中窃得东西或让我们无法获得享受的人感到羡慕、嫉妒、愤恨，甚至对他们暴力相向。

斯宾诺莎写道，这样的人"与其说顺从自己，不如说是服从命运"，一旦命运不再向他们微笑，一旦他们变得孤身一人，没有钱，没有性，没有奢侈享受，他们就像无法再生存下去一样：

实际上，无知的人，除了那些以各种方式将他搅得心神不宁的外部原因，除了他从未真正获得的灵魂满足外，他几乎对自己、上帝以及其他事物毫无知觉，一旦他停止受苦，他也就不再活着了。

那些只为自己的激情而活的人，当他们的激情无法再被唤起时，便会感觉不再存在，感觉只剩下行尸走肉。如果不能享受激情的快乐，他们就宁愿被激情折磨，也不愿感受平淡而安静的内心产生的空虚。这个人本质上是一个消极被动（passif）的人——我们在后面会看到为什么——他只能通过环境产生的刺激来活着。由于缺少内在活力，他没有稳定的自我；正是因为如此，一旦刺激停止，他就感觉自己不复存在。

要怎么摆脱这种状态呢？大批哲学家、教士、家长和教育者倡导要用理性来克制激情。是理性——以及由此产生的意志力——迫使赌徒不再因扑克牌局而倾家荡产，迫使酒鬼避免伤肝，或迫使冒失的恋人不再因为对方难懂或难以接近而灰心绝望。对于这些陈词滥调，斯宾诺莎用一个简单的真相予以反击：要想克制住欲望，我们只能借助一种更大的欲望；因而要想战胜一件乐事，我们也只能借助一件更大的乐事。如果理性本身不是一种欲望，如果运用理性没有带来快乐，它就完全不能改变我们的行为。相反，它只会让我们变得更糟糕：因为努力保持理性并没有给我们带来快乐，我们会感到紧绷和受挫，为了得到补偿，我们会变本加厉地投入自己想要克服的恶习之中。如果保持理性让我们感到难过，那么在克服恶习时我们就会感到更加脆弱，由于缺少真正的幸福，我们就会更加需要这些恶习所带来的短暂快乐。

自此，我们看到了人习惯于放荡生活的真正原因。并不是因为缺少理性或意志，而是因为他不知道比自己"淫邪的欲望"更大的欲望是什么：除了他所沉醉其中的这些快乐（总之是低级趣味和有毒的快乐），他不知道别的快乐。

因而，我们的目标就是在自己身上找到一种足够强的欲望，哪怕不能完全消除，至少也能缓和（relativiser）其他那些让我们迷恋并变得冒失的欲望。我们需要体验一种足够强烈的快乐，让其他快乐黯然失色。如果我们想要戒烟、戒酒、戒赌，或者停止无度地挥霍金钱，那么不应该克制这些欲望，而应该去发现一种更强的欲望，让这些有害的快乐变得无关痛痒。

为什么不该尝试对抗自己的恶习呢？这跟我们讲过的自由意志是同样的道理。自由意志的道理在于，如果我们认为自己是自由的，就不会去了解决定我们的力量，并与能够真正让我们自由的力量切断联系。在这里也是一样的：当我们对抗这些邪恶的欲望时，我们会耗尽力气，并且无法去了解这些欲望。即使在最错误、最有害的欲望中，我们也能找到自己真正欲望的种子。

所以，要直面我们的恶习，但不要评判或对抗。和斯宾诺莎一起来赌一把：我们要靠认识 (connaître) 自己的激情、弱点和恶习，才能改变它们。让我们打赌恰当的认识能把激情转变成行动，把恶习转变成美德，把弱点转变成力量。

关键提问

1. 你有个人的道德标准吗？或者说，你是否接受过传统道德准则的教化？在这种伦理观念中，感到幸福是不道德的吗？你曾被教育过要为他人或崇高的事业牺牲自我幸福吗？又或者，为了工作、职业抱负、社会福利、艺术或宗教而牺牲幸福吗？

2. 对你来说"做个好人"和感到幸福，哪个更重要？你认为它们是不可兼得的吗？如果是，你会选择哪一个？

3. 列出所有你认为自己身上错误的且你愿意改正的行为和习惯。可以是烟瘾、酒瘾、暴食症这种成瘾症，你和他人或工作的关系，或者是难以控制的情绪：易怒、暴怒、怠惰等。你曾经尝试过用什么方法改掉这些"坏习惯"？哪些是有效的，哪些无效？这些方法有时是否会让这些"坏习惯"变得更糟？

区分行动和激情

让我们来概括并深入思考一下情感的作用。我们知道自己的全部生活都是由情感决定的：不仅是我们的欲望、感觉和感情，我们所有的观点和逻辑推理也都是带有情感的。我们还知道这些情感要么会削弱我们的力量——为我们带来悲伤 (tristesse)，要么会增强我们的力量——为我们

带来快乐 (joie)。现在，需要做一个更加基础性的区分。我们要把主动 (active) 情感和被动 (passif) 情感区分开，把行动 (action) 与激情 (passion) 区分开。

任何行动都是快乐的

我们什么时候是主动的 (actif)？当我们能够控制身体动作，当我们的动作表现出力量和内在结构时，我们的身体 (corps) 就是主动的。相反，当我们的身体被其他事物拖拽或挤撞，当它缺少某物或受某物影响时，它就是被动的。在这种情况下，支配我们身体的便不再是我们自己，而是作用于身体的力量——压垮它的重量、击打它的东西、它所缺少的食物或使它中毒的食物。

怎么理解思维的主动性呢？方法完全一样：当思维做出理解 (comprendre)，产生恰切 (adéquat) 的理念时，思维是主动的。这意味着精神遵循着内在的逻辑，发挥其本身具有的能力：在理解时，我们的思维对事物进行吸收领会，按照自己的标准将它们理顺，根据自己的需要为它们赋予意义。相反，当思维受到 (subir) 感受、感觉和情感的影响，又无法自行对其进行解释，无法为其赋予意义时，思维是被动的 (passif)。当我们产生幻觉 (illusion) 时，当我们受一种难以解释的情感困扰时，当我们的想法混沌、模糊或支离破碎时，我们的思维就处于被动状态。

主动性总是让我们感到快乐：我们的身体和思维通过行动表达出深层的本性。这种对力量的展现会让力量增强，并且反过来为我们带来快乐。请记住，思维和身体是完美平行的：理解是思维的行动，而行动是身体在进行理解。两者缺一不可：我们的思维理解得越多，我们的身体就行动得越多，而身体行动得越多，思维理解得也就越多。

适度地感受被动的快乐

如果说所有行动都是快乐的，是否意味着所有激情都是让人难过的呢？不，因为我们可以通过很多方式受到外力的影响。有些东西确实会阻碍我们内心的能动性，因为它们不适合我们的天性：它们带给我们悲伤的情绪 (passions tristes)。仇恨、嫉妒、忧郁、怜悯、愤怒和羞耻都属于悲伤的情绪。它们显示出，由于环境的破坏作用，我们的行动力减弱了。但是还有快乐的情绪：其他一些事物有助于我们的生活，提升我们的力量，因为它们适合我们的天性。这就像有益的食物和毒药、炎热和寒冷、朋友和伪君子、智者和宗教领袖、有责任感的政治家和蛊惑人心的政客对我们产生不同的作用一样。

斯宾诺莎明确表示：悲伤（tristesse）从来都是不好的，我们始终应该避免。感到难过从来都不合理，我们应该不断寻找快乐。快乐永远都是好的吗？需要不计一切代价去寻找快乐吗？的确有一些虚假的快乐，它们实际上削弱了我们，而没有对我们有所助益。但是比起难过来，快乐仍然是更可取的。哪怕是被动的快乐也有可能转化为行动，而难过会削弱我们的力量，让我们无法行动。

被动快乐的真正问题在于我们无法掌控它：这些快乐本身不堪一击、稍纵即逝又无法预料，因为它们并不取决于我们自己的能动性，而是依赖于生活中的外部条件。那些过于依赖被动快乐的人把自己完全交给命运，很可能最终会非常难过。但是另一方面，那些声称完全不需要被动快乐，只依靠自身能动性产生快乐的人，会拒绝承认自己作为人的状态，以及与之相伴的脆弱和依赖性。他把自己当作独立自主且无所不能的神，有可能会摔得更惨。

所以，我们需要在主动和被动之间找到良好的平衡。在这种平衡下，被动状态是不可避免的，但它不会损害我们的主动性；在这种平衡下，增加快乐的情绪，我们便获得了行动的能力，而保持能动性，我们便可以忍受那些无法避免的难过。

现在有两个问题：怎样把激情转化成行动？怎样把难过转化成快乐？

哲学—行动

1. 花一天时间，仔细观察自己内心的情感变化、情绪变化、情绪反应以及总体的精神状态。首先只专注快乐、幸福或有力的感觉，把它们列出来。然后问问自己，这些快乐中有哪些是自己主动产生的，也就是主动快乐；有哪些来自外部条件，也就是被动快乐。比如现在，因为写下这几行字，我体会到一份主动快乐；因为坐在海边的露台上，享受着八月的炙热和美丽的晴空，我体会到一份被动快乐。最后试着分析你感受到的不同快乐：你能体会到主动快乐与被动快乐之间的不同吗？它们带来的快乐感觉是一样的，还是有很大不同？

2. 重新来看你所列出的被动快乐。是否有一些快乐提供了支持和激励，有助于你提高主动性？是否有一些快乐可能会阻碍你的主动性？比如现在，我正在写作，海天相接的景致带来的平静为我提供了支持，这份快乐让我能更好地集中精神。这是一份"激情"，因为它并不取决于我——我不能每次都随心所欲地来到这里，天也不会每次都如我所愿地放晴，但是它提高了我的积极主动性。

3. 反过来，现在集中关注你列表上的悲伤情感。你的能动性和由此带来的快乐是否可以帮你更好地承受这些难过的情感？你能感觉到自己的能动性如何转变悲伤情绪吗？

比如在写下这几行字之前，我本来怀有一份强烈的哀伤，需要去克制，但是写作转变了这份哀伤：写作产生的快乐让哀伤得到缓和，并且写作带来的理解赋予它新的意义。

了解自己的激情，从而变得积极主动

斯宾诺莎的天才之处在于，他指出的这两个问题——"怎样把难过转化为快乐""怎样把激情转化为行动"，是紧密相关的。实际上，斯宾诺莎把激情（passion）——决定我们性格和行为的强烈情感——与被动性 (passivité) 相联系，即如词源学所显示的那样。我们看到精神本身的主动性就是去理解，因为理解会提升我们的力量，它只会让我们感到快乐。如果我们能认识到我们的激情和产生它们的原因，我们就会同时变得主动和快乐。这就是我们发明的"最好的情感良药"，是斯宾诺莎的《伦理学》——他真正意义上的处世之道——的核心方法。

《伦理学》，第五部分，命题三："一旦我们对激情形成清晰明确的观念，这种情动就不再是激情了。"

认知让人主动

为什么认知会让人变得主动呢？为什么通过理解可以把激情转化成行动，并有可能把难过转化成快乐呢？我们为什么不能回答说恰恰相反，认知和理解都是被动的形式，因为它们只是理论而非实践呢？认知不就是暂停一切动作和一切主动性，屈从于我们想要理解的事物吗？当我们通过认知揭示出自己所有的缺陷和人类整体的悲惨状况，我们难道不会感到更难过，而不是更快乐吗？

斯宾诺莎回答，这些问题依据的是一个对认知非常错误的观念。因为真正认识某样事物——对其拥有恰当

的 (adéquat) 认知——就是永远知道如何对待这件事物，知道面对它如何做出反应，如何利用 (grâce) 它采取行动。最有效的认知从来不是撇开我们自己的需求抽象地去理解事物，而是始终根据我们已知的关于自己的情况来把握事物。

让我们继续探索身心平行论。假设你对着一座高山的峭壁，因为你没有学过攀岩，不知道如何才能不打滑，坠落——可能会致命——似乎是难以避免的。这时，你的身体完全是被动的，你忍受着山的力量，并最终被它打败。现在我们想象一下，如果你学着去认识自己的身体，学着理解身体的机能，就会发现身体的柔韧性，发现肌肉、支撑点与平衡点的位置。此外，你还会学着认识峭壁，认识它的结构、断层裂缝、攀踏支撑点和坚固性。这些知识让你变得主动：你能够登山而不会跌落，是你掌控山，而不是山掌控你。你的身体会变得更有力、更柔韧、更适应环境，并能按照自身的需要进行调整，你的身体是在行动而非忍受。我们要认识自己并认识到可能阻挡自己的障碍，以及反对自己的限制然后才能做到这一点。

认知对我们的情感和精神生活也有着完全一样的影响。难过、痛苦、抑郁是什么？它们是一些我们不知如何应对的状态，让我们陷入困窘、停滞或瘫痪。有时候是痛苦本身让我们瘫痪：身体的能量被肉体的痛苦吞噬，任何努力都变得很艰难。但是在所有情境下，都是因为理解（comprendre）不了发生在自己身上的事情，所以我们瘫痪了：因为我们理解不了自己遭受的痛苦，所以面对它，我们也想不到一丁点办法去行动。当我们失去一个珍视的人，哀伤让我们陷入瘫痪，因为我们不知道没有这个人要怎么继续生活下去。在受到侮辱之后，我们完全瘫痪了，因为我们不知道如何接纳突然受损的自我形象。

面对痛苦，我们的确会有反应（réagir）——喊叫、哭泣、拳打脚踢或制订复仇计划。但这些完全是反应（réaction），换言之，是激情而非行动。反应其实并不是来自我们内心的一种行动，只是影响或感动我们的事情所引发的回响。

从认知到快乐

当我们理解激情时会发生什么？首先，理解本身（en lui-même）会让我们感到快乐。我们成功地理清了自己的想法，破解了谜团，摆脱了激情带来的心烦意乱和混沌不明，达到一种头脑清晰的状态。证明自己拥有智慧会让我们获得一种智性满足，而这只会给我们带来快乐：在此之后，当我们遭遇考验或面对让人不堪忍受的人生厄运时，我们的智性会最先开始采取行动。

　　一开始，这种纯粹智性上的快乐会弥补，继而缓解我们情感上的悲伤；接下来，凭借我们所获得的认知和由此产生的快乐，我们可以采取行动摆脱痛苦。因为我们了解激情产生的原因，我们便能够改变它，可以以此转变我们的激情。当我失去一个爱人，我意识到自己如此爱这个人的原因，以及通过他/她寻找和找到的东西，并且我可能会意识到失去他/她给我带来的影响。通过这些思考，我会明白那些幸福的回忆并没有遗失，它们从某种意义上说是永恒的。这样我就会知道什么能让我获得真正的幸福，什么是我想要的，什么是我需要的；之后我会知道未来应该怎样行动。如果能理解被亲人或同事侮辱后感到羞耻或愤怒的原因——一方面是这个人的糟糕脾气，另一方面是我自己的行为举止，或许还有我们价值观上的深层矛盾——我就能学会在未来如何赢得尊重。因此，快乐是双重的：首先是用智性掌控问题的快乐，然后是由此获得行动前景的快乐。能动性也是双重的：首先是专属于智性的能动性，接下来是智性许可下进行的恰当的行动。

是否应该只去尝试理解自己的悲伤情感，而对快乐情感满足于被动享受呢？我们会看到，斯宾诺莎所提倡的正好相反：相比于认识我们的悲伤情感，认识快乐情感及其原因不但更容易，而且更有益。

有时候我们陷入爱河，却不知道原因。这是一种快乐但对我们来说很神秘的状态，因为我们无法理解，所以它显得更加迷人。但是我们因此而满腹疑惑，并在情感上充满不安全感。因为不理解爱，我们变得疑神疑鬼、充满嫉妒心，并且展现出强烈的占有欲。我们对一点小事的爱会转向它的对立面，我们的快乐可能突然转变成难过。理解爱的原因能够把被动的爱恋激情转变成主动的爱。如果知道为什么（pourquoi）爱一个人，我们就会更确信自己的爱，于是少受怀疑、嫉妒、沮丧带来的情感过山车的折磨。

有时到别处寻找快乐

斯宾诺莎似乎坚信，我们的智性可以理解激情，并将其转化为快乐的行动。事实上，他断言：

《伦理学》，第五部分，命题四："对于身体的任何一种情状，我们都能形成清晰而明确的概念。"

让我们回想一下，对斯宾诺莎来说，灵魂只是身体的镜子：我们所有的情感都对应着身体的动作。当我们因为愤怒、悲伤或渴望而心绪不宁时，我们的身体也会产生相似的反应。如果我们能了解自己的身体具有的多种表现方式，就可以理解自己的激情。至少在理论上，我们能够完全掌握自己的所有情感，因为如果能认识身体的所有情状，就能把所有由此产生的灵魂激情转化为行动。这样一来，我们将永远不受悲伤、困窘和内心暴力的影响，生活中只有快乐和活力。

但是斯宾诺莎也在其他地方承认，这并非如此简单。首先，我们已经看到了自己对于情感的真正原因有多少误判。受到我们在第一部分阐释过的错觉机制的影响，在大部分时间里，我们的爱和恨是错的，我们把快乐或难过归因于一个对象，但这个对象并不是它的原因。当我们用虚幻的理由解释自己的情感时，我们很可能会迷失方向。因而，出于谨慎，我们应该学着将我们的情感和我们以为导致它产生的原因区分开：我们爱或恨的理由，真的是我们以为的那个吗？

但是，我们可以从更基础的层面去思考我们是否真的有能力理解所有 (tout) 令我们感动或烦心的事物。有些悲伤可能无法被厘清，可能会剩下一些事情无法被理解。这时，与其徒劳地去解释这些悲伤，或许更应该绕开它们，去别处寻找快乐。

关键提问

当你获得知识、获得发现、完成复杂的推理，或者产生一个新的想法时，你会得到怎样的快乐？把这种快乐与其他更普遍的快乐进行比较，你认为这种认知的快乐能缓解甚至转变悲伤的情感吗？

哲学—行动

1. 下一次当你感受到强烈的情感——悲伤、愤怒、爱恋、嫉妒、羞耻时，试着忽略自己心目中造成这种情感的原因。你感觉很生气吗？不要去想那件在你看来引起你愤怒的事情，也不要去想让你发火的人。你感到嫉妒吗？请同时忘记你所爱的人和你的情敌。你坠入爱河了吗？探索爱这种感情本身的各个方向，而不要去想你爱的那个人。这项练习有没有改变你的情感？是让情感增强了还是减弱了？或许引起你情绪的并不是你所认为的原因，你的愤怒、嫉妒或者恋爱状态，并非由你想象的情况所引发。

2. 以这种方式排除掉关于情感的假想原因之后，问一问自己，引发你情感的真正原因是什么？试着回忆这种情感的根源所在。你在其中投入了什么，而外界又带给了你什么？像这样厘清情感的原因后，你能否更好地掌控情感了？有了这份认知，你能否勾画出一套行动计划？

悲伤教不会我们任何东西

或许你觉得，现在我们要闭关几个月来思考自己的痛苦及其原因；无论是跟朋友一起在咖啡厅，还是坐在心理医生的沙发上，我们将无止境地反复琢磨自己的问题，试图寻求理解。你或许有理由认为，这样一来，我们就能更进一步战胜自己的问题。

悲伤阻碍认知

幸好，斯宾诺莎的提议完全不是这样的，因为悲伤教不会我们任何东西。有时候我们认为应该尝尽绝望之苦，以为体会到羞愧是对我们的救赎（salutaire），它会促使我们变得更好；我们以为需要受尽苦难才能更好地了解自己。可是斯宾诺莎回答，通过这种做法，我们了解的并不是自己，而是那些削弱和毁掉我们的力量。因而，对于斯宾诺莎来说，经历苦难并不是进入自我（moi）的内心深处；相反，它是在迎合所有与我们不相干的事物，纵容所有阻碍并削弱我们生命力量的事物。

从根本上讲，我们首先渴望生存，渴望生活，渴望维持和发展自己所是的样子。正是出于这个原因，关于恶的准确想法是不存在的，自由的人也从来不会去思考死亡。因为恶和死亡并不属于我们天性的一部分，所以我们无法准确地思考它们——这些想法违背（contraire）了我们的天性。因为这些想法将我们的生存排除在外，所以它们无法成为我们天性中的一部分。

这就是为什么自杀不可能是我们发自内心的欲望，没有人会在自我天性的驱使下自杀。当我们被生活环境打败，或者受到环境形势的欺骗，不能认识到自己真正的渴望（必然是生的渴望）的时候，我们才会自杀。实际上，自杀从来不是真的自杀，因为它从来不是我们自因的，而是由毁灭性的外部力量造成的，这种力量促使我们放弃了生命。

因此，对于悲伤的认识从来不是对自我的认识，而是在认识与我们相悖的事情。然而，我们能准确地认识跟我们完全相悖的事情吗？我们跟它没有一丁点共同之处。

在任何悲伤中都有快乐的部分

只有那些符合我们天性的东西才会带给我们快乐。正是因为这些东西和我们有相通之处，所以我们能够吸纳它们，与它们结合，并由此产生一个全新、更大、更完整也因此更强大的统一体。

反过来，那些不符合我们的天性、无法跟我们兼容的东西，会让我们感到难过。但是，那些跟我们完全没有相通之处的东西，也不会对我们造成伤害。那些跟我们完全无关的事物无法接触到我们，无法跟我们的天性产生联结，因而也不能影响到我们。对我们造成伤害的是那些一部分与我们相符、另一部分又与我们对立的事物：有的东西因为与我们有共同点而产生联结，但是它的某些方面与我们的天性无法调和，对我们造成损害。毒药只有在我们想吞服它时才对我们有害……如果一个人跟我们完全没有共同点，我们是不会爱上他的，因此他也不会伤害到我们。那些不能让我们感到幸福的人，也不能让我们感到难过。如果不是因为存在默契的基础——这是建立任何关系都需要的——矛盾、不和或不理解就不会成为我们的问题。

简而言之，如果悲伤中没有包含快乐的部分，就不会占据我们的内心。因而，要想认知自己的激情，我们始终要努力去辨识快乐，哪怕在悲伤中，也要找到快乐。实际上，尽管快乐会被我们悲伤的情绪扭曲和压抑，但正是这份快乐引导我们走向真正的自我。

我们只理解对我们来说有共同之处的东西

我们还可以更进一步。我们已经看到快乐来自那些和我们有共同之处的事物，即那些可以跟我们和谐相融的事物，但是我们能够清晰且准确认知的只有（seulement）这些共同点而已。因而，由此应当得出结论：我们只能真正认识那些让我们感到快乐的事物。

为什么会这样呢？为什么我们只能认识与我们有共同之处的事物呢？让我们回想一下，对斯宾诺莎来说，认知从本质上讲就是行动。当我们自己能够重现一样事物所做的事，能够像它一样行动时，我们才算真正认识它。当我们和某个人拥有相同的情感或想法时，我们才算理解他的感受或想法。当我们掌握一项工艺或技术时，我们才算理解它们。因此，对斯宾诺莎而言，圆的准确定义并不是所有和中心距离相等的点组成的线，因为这个定义没有教给我们如何画一个圆。圆的正确定义是将一条直线的一端固定，另一端不固定，因为没有固定的一端的运动轨迹可以画出（dessiner）一个圆。是定义本身创造出（produire）了圆。

如果我们与圆没有任何相通之处，我们就无法用身体画出一个圆。实际上，我们跟很多的事物都有共同点。比如，我们可以像香港功夫电影《螳螂》[1]里一样，通过观察螳螂如何使用一根草秆，模仿它的动作，由此学习如何使剑。只要我们与螳螂有共同之处，能够效仿它的动作，我们就能理解螳螂。正如我们能够看到自己和螳螂的一部分相同之处，我们也可以在其他人的思想和行动中认出自己，重现他们的思想和行动，进而理解他们。但是对于那些我们完全不认识、与我们的天性没有任何共同点的东西，我们永远也无法理解：实际上，我们没有任何办法模仿其动作，或者重现其内心状态。正是因为那些不符合我们的天性，所以难以理解的东西让我们感到难过。

1　《螳螂》是1978年邵氏电影公司出品，刘家良执导的武打电影。

因此，要想理解我们的悲伤情绪，有很长的路要走：我们从来不是直接 (direct) 去认识悲伤。那些让我们感到难过的事物太过复杂且太过陌生，我们无法对它们形成清晰而明确的概念。相反，我们应该从与事物相契合 (convenance) 并且相一致的简单经验入手。如果沉浸在复杂事物带来的困惑之中，我们便无法更好地领会它们。这种困惑也是悲伤的一种，它让我们感到无力；相反，如果一点一点地把这些复杂事物与简单明了的概念串联起来，我们就能理解它们。这就是为什么我们只有先探索快乐，然后才能理解悲伤。只有已知且清晰明确的快乐，才能照亮我们的悲伤，并让我们理解悲伤。

寻找与陌生事物的共同点

这也意味着，要敞开心扉去迎接新的快乐，去发现那些乍一看陌生的事物与我们之间的共同之处。为此，我们要让自己的身体更加灵活，也更加敏感。我们的身体能做的事情越多，我们与大自然中其他事物的共同点就越多。我们的身体越敏感，越能感受和辨别大量的情感，我们就越能实现理解。从事一项运动、醉心于一门手艺或演奏一种乐器，培养味觉和嗅觉——比如烹饪或葡萄酒酿造；体验感官的愉悦或极端且未知的环境——比如穿越沙漠或走进永久积雪……这些都能让我们的身体面对新的现实情况，并由此赋予它新的力量。那些我们从前敌视的东西——雪、干旱的沙漠——会变成我们的盟友，并且让我们变得强大。如果我们能够适应更多的东西，感受到更多与它们之间的适配，我们就会更少受到悲伤的折磨，从众多体验中收获快乐。

斯宾诺莎在阐述身心平行论时想得很远，他讲到灵魂得救既取决于身体，也取决于思维。他甚至在《伦理学》的终章写道：

《伦理学》，第五部分，命题三十九："身体能够适应众多事物的人，他的绝大部分思维是永恒的。"

我们还不知道斯宾诺莎所说的思维的永恒是指什么，但我们现在知道身体的能力与思维的能力是相辅相成的：我们的身体经历的事情越多，能够做的事情越多，我们的思维能够理解的事情就越多。

正是通过这样迂回的方式，我们最终能够战胜悲伤情绪。让我们回到起点：是认知把激情转变成行动，把难过转变成快乐，但是我们无法直接认识自己的悲伤情绪。我们必须将适合我们的事物带来的愉快体验和由此产生的准确的理念——串联起来。如果让我们觉得有共同之处的事物数量有所增加，我们就能够拓展认知，并且感受到更多快乐；让我们难过的事物越来越少，我们就会拥有更多的知识和能量应对和理解它们。

不过，我们不能仅仅依靠认知能力来转变情感，我们还需要改变环境，使我们能从中获得尽可能多的快乐和尽可能少的悲伤。这一方面需要发挥技术的作用，让环境符合人的需求；不过另一方面，还需要发挥政治的作用，让人能够和谐、自由和愉快地生活。

哲学—行动

1. 下一次当你感受到强烈的负面情绪、悲伤情感——愤怒、绝望、羞耻时，可以尝试忽略悲伤本身，而去关注这种情绪中快乐的部分。是什么样的快乐让你生起气来或者让你感到羞耻？在负面感受之中，你能否感受到一份愉悦——它可能被藏起来了，或者它是你不愿意承认的？试着对它形成一种清晰而明确的概念。这种认知是否转变了你的悲伤？

2. 下一次当你与某人发生冲突，无法理解对方的行为或态度时，不要试图去理解你不能理解的事情——也就是对方身上对你而言很陌生的事情，试着去看你和这个人的共同之处。

从你和这个人的所有相同之处出发，你能否更好地理解你们之间的不同之处？这会让你对他行为举止的反应产生什么变化？

3. 下一次当你面对一个看起来无解的问题，这个问题的复杂程度让你感到气馁又束手无策时，不要试图立刻解决这个问题。请你专注于自己确定的事情，专注于那些简单又明显、能够带给你力量的想法。试着深挖这些想法，并从中推理出结论。当你完成了这项工作，重新确定了优先事项、重获信心之后，再回到最初的问题。你对这个问题是否看得更清晰了？

4. 把同样的方法应用到你的行动中。下一次当你感到脆弱，无法完成非常艰巨的任务时，先把它放到一边，转身去做一件确定可以做到的事情。试着深入思考，完善你的能力。当你重新找回自信、恢复能力之后，再回到最初的任务。

自由人的共同体

讲到这里，斯宾诺莎可能给我们留下了宣扬利己主义，甚至是宣扬堕落行为的印象。他以自我为中心，因为他告诉我们应该首先寻找自己的快乐，小心地避开所有悲伤的情感，比如怜悯和羞耻这些让我们操心他人命运的情感。他无视道德，因为他宣称任何人，无论其行为如何——是理智、疯癫还是罪恶的——都同样有权按照自己所想的方式来生活和行动。

让我们回忆一下，斯宾诺莎对善的定义是"有用"，因而美德就是以完全利己的方式去寻找对我们每个人而言有用的东西。

利己主义是为了所有人的福祉

然而，对人而言什么最有用？什么最适合他？与什么相结合是最好的，能够在大部分情况下让人变得更强大呢？

毫无疑问，对我们而言，最有用的是其他人，没有什么比其他人更符合我们的人类天性。斯宾诺莎写道：

《伦理学》，第四部分，命题三十五，附释："日常经验本身也能对此给出非常清楚的证明，几乎所有人都能脱口而出：每个人都是他人的神。"

因此，是我们的个人利益——我们以利己为目的，对有用对象的追寻——指引着我们与他人做伴、合作，无论男女。这意味着要让他们服从我们自己的需要吗？要让他们像仆人或奴隶一样服务我们，把他们单纯当成实现我们力量和幸福的工具吗？

绝对不是。因为在操纵和剥削他人的时候，我们必然会激发出他们的悲伤情绪，我们会唤起他们的仇恨、嫉妒和愤怒——简而言之，唤起他们的怨恨。而情感模仿的机制必然会让我们也受到他们悲伤情绪的传染。我们付出所有这些努力来摆脱情绪的循环，但在此之后，我们将再度陷入可怕情绪的循环。

这就是为什么我们首先要做的事情是联合其他自由（libre）人——也就是其他在生活中受理性驱动（vivre sous la conduite de la raison）的人（而非那些被随意性支配的人）。如果他们仍然被情绪所累，我们应该尽一切努力让他们获得解放：教育他们，使他们获得自由；爱他们，使他们感到快乐。因为生活在自由的人中间，我们必然会更自由；而生活在快乐的人中间，我们必然会更快乐。

因而，这些人不会逆来顺受；相反，我们作为善良的利己主义者，应该希望其他人也都像我们一样只为自己着想。斯宾诺莎写道——

《伦理学》，第四部分，命题三十五："当每个人都最大限度地寻找对自己有用的东西时，人们对于彼此而言是最有用的。"

其实，每个人越是首先帮助自己，就越能帮助别人。他越能让自己快乐，就越能让别人快乐。做一个利己主义者——不过，是明智且理性的，而非受激情支配的——我们才能够在最大限度上帮助别人。

彼此互爱并共同寻找真理

因而，我们看到最开始斯宾诺莎避而不谈的道德观念又重新出现了。因为如果善就是有用，同时最有用的就是自由人之间的联合，那么，我们就会把一切有利于自由人之间和谐融洽的事情称作善 (bien)，而把所有对此不利的事情称为恶 (mal)。

这种道德观念有哪些原则呢？

第一条原则是永远用爱来回应恨。如果面对他人投给我们的悲伤情感——愤怒、蔑视、嫉妒，我们以另一种悲伤情感、另一种形式的恨作为回应，我们就只会让自己更加难过，并且加深他人的恨意。因为我们愿意生活在快乐的人中间，所以我们要试着去缓和他人充满仇恨的悲伤，用我们的爱使他们快乐起来。

第二条原则是关于真理对人与人之间和谐融洽的作用。实际上，品位和观点以及由此引发的激情会让人产生分歧，让一些人与另一些人对立起来。我们已经看到过，当每个人都想说服其他人喜欢自己喜欢的东西，或按照自己的脾气秉性来生活时，这种冲动会带来怎样的结果。真理则是完全不一样的：从本质上讲，它为所有人共有，并且有时所有人可以共享，因此共同寻找真理能让人更好地相处，相互理解。这样一来，我们将看到人的一个弱点——想要说服他人按照自己的方式生活——在智者的手中变成了一种美德——与他人一同分享自己发现的真理。

关键提问

1. 你曾经遇到过你觉得需要为了他人牺牲自己的幸福的情况吗？尽管在某些情况下，这可能是有道理的，但是有没有可能反过来，通过让你变得喜悦的方式来帮助这个人呢？

2. 你如何面对逆境？在接收到负面情绪时，你会用同样的情绪作为反馈吗？你会用愤怒来抵抗愤怒，用恐惧来抵抗恐惧，用仇恨来抵抗仇恨吗？

3. 面对一场冲突或者一场意见分歧，你会尝试不计一切代价迫使他人听从自己的观点吗？如果其他人占据上风，你会感觉自己输了吗？

哲学—行动

1. 请试着想象一下你自己的利己主义怎样能够对他人有用。今后请持续问自己，怎样在首先有助于自己的情况下去帮助支持他人。

2. 请试着用积极的情绪去回应别人的每一种负面情绪：用爱消除他人的恨意，用信任平息他人的焦虑，用谅解缓和他人的仇恨。通过这种行动，你是否会感觉自己的情绪变得平静，同时他人的情绪也变得平静了？

3. 在冲突之中，以及在生活中的所有情境里，请试着重视真理，关注从哪个方向能找到真理。下一次当你陷入争吵、思维一团乱麻的时候，请停止攻击，并且邀请你的对手做同样的事情。

试着两个人一起寻找真理。不要再把彼此想成两个维护不同论点或观点的人，而是设想你们两个问了自己同样的问题，彼此都没有答案。你会看到，或许两个人探索真理，要比独自一人更容易……

明智的欲望：缺点中的美德

让我们再看一下前面刚提到的例子：斯宾诺莎所说的功利心（ambition）——想要说服所有人按照我们的方式生活，拥有相同的品位、观点和爱好，和他所说的虔诚（piété）——想要和他人分享我们发现的真理，这两者之间有什么不同？它们本质上难道不是同一种欲望吗？

从功利心到虔诚

第一点不同在于前一种欲望——功利心——是由悲苦引起的，而后一种——虔诚——是由快乐引起的。正是因为我们承受（souffrir）着不确定性，不能肯定自己在以正确的方式生活，持有正确的观点，所以我们需要通过确认其他人喜欢和我们一样的事物来让自己放心。而虔诚的理由与此完全不同：因为对真理的认知让我们感到快乐，所以我们愿意把这份快乐分享给他人。还有，功利心源自无知和困惑。正是因为其实我们不知道自己真正喜欢什么，所以我们需要其他人喜欢同样的事物来确认我们的爱。而虔诚是由我们对自己和世界的敏锐洞察力驱动的。

由此我们看到，欲望被我们所拥有的知识改变。有两件事情发生了：我们的欲望不再是不受控制的激情欲望，而理性也不再是冰冷地做出裁决和下达命令的管理者，理性本身变成了一种欲望（raison elle-même est devenue un désir）。

因此，斯宾诺莎写道：

《伦理学》，第四部分，命题五十九："我们由激情引发的所有行为，都可以排除情动，由理性来决定。"

理性可以改变我们的欲望，同样的行为不再是被动激情的结果，而是自觉承担责任的理性欲望的结果。我们认识了自己的欲望，便不会被它干扰、受它摆布，而是可以确认它们是我们个性身份的重要组成部分：激情就这样变成了行动。

转变我们的欲望

因此，这样说来，任何行为、任何欲望都不是坏的，只有当它们由激情而非理性驱动的时候才有危害。让我们回忆一下关于恶的分析。恶本身不存在，恶存在于一件事物与其他事物的关系之中。因而，对于个人来说，恶就是阻碍他进行理解——让他头脑糊涂，失去理智——的东西。对于社会来说，恶就是阻碍和谐共融——和平、合作、相互理解——的东西。现在我们可以补充说，当一个行为的驱动力是悲伤而非快乐，是恐惧而非渴望的时候，它就有危害。

这就是为什么我们在上文不赞成用意志去抵抗欲望、强迫自己产生其他欲望，或者单纯让自己绕开欲望。因为斯宾诺莎肯定地说，认知可以把所有的缺点都变成美德。酒鬼渴望沉醉，瘾君子渴望晕眩感——他们可以在运动或者艺术创作中找到这些感觉。性成瘾者

(sex-addict) 渴望传播肉体享乐和快感——他可以变换不同的方式来让他人感到快乐。盗窃犯渴望以一种巧妙的方式绕开规则——或许他会成为构思新颖的发明家。

要想改变自己的欲望，关键在于要重视欲望积极的一面，提取出潜藏在每一种欲望中的快乐部分，哪怕是最异化和最倒错的欲望也不例外。因为如果谴责自己的欲望，只看到其中消极的一面，我们就会加剧它的危害性，让它更受到悲伤情绪的刺激。现在我们知道，只要我们的欲望受到快乐的驱动，就会变得有益。

《伦理学》，第五部分，命题十，附释："但是需要注意，在整理思想和意象时，我们始终需要留心关注每件事物有益的一面，这样便永远是快乐的情绪让我们决定去行动。例如，当一个人发现自己太过追求荣誉时，且让他想一想荣誉的正当用途，出于怎样的目的而必须追求荣誉，需要用怎样的手段获得荣誉；而不必去想滥用荣誉，或者荣誉的虚妄之处，或者人的变幻无常，也不必想其他诸如此类的事情——没有人能想到它们而不感到难过，因为当那些怀有功利心的人绝望于无法得到他们渴望的荣誉时，正是这种想法最令他们感到痛心。他们的愤怒喷涌而出，却还想表现出理智的样

子。因此可以肯定，最渴望荣誉的人，就是那些最卖
力责骂荣誉被滥用、控诉人世间虚妄的人。这种心理
并不独属于怀有功利心的人，它是所有时运不济且灵
魂虚弱无力的人所共有的。吝啬又贫穷的人也在不停
地控诉金钱遭到滥用以及富人的罪恶；这只会让他自
己感到痛苦，让别人看到他不仅难以忍受自己的贫困，
还无法忍受他人的富有。同样的，那些遭到情妇拒绝的
人只会想到女人变化无常、欺骗人心以及其他老生常谈
的女人之恶，可一旦他被情妇重新接纳，就会立马把这
一切抛到九霄云外。因此，那些单纯因为热爱自由而努
力控制自己情动和欲望的人，将尽其所能努力认识这些
美德和它们的原因，让正确认识它们所产生的快乐充盈
灵魂；他不太可能去紧盯人的罪恶，并由此中伤诋毁
他人。"

看见欲望的理性

因此，我们要一直在自己的恶（vice）中看到美德，
看到自己欲望的理性，而不是用理性去谴责欲望，用美
德去对抗缺点。毕竟恶就是悲伤本身；悲伤让我们变得
无力，并因此导致我们做出极端的行为。我们越试图用

意志力强行控制自己的欲望，这些欲望就变得越激烈，越不受我们控制；相反，我们越能理解自己的欲望，就越能让引发欲望的缘由中快乐的部分增加，我们会变得更能控制自己，因为快乐让我们变得强大。

每种欲望都有其作用

我们的每种欲望在生活中都有其确切的作用，既不多也不少。任何欲望都有其功能，有它要发挥的作用，欲望本身并不是目的，而是实现其他事情的一种手段。从写作《知性改进论》时起，斯宾诺莎就注意到：

只有当追求金钱、愉悦和荣誉是为了它们本身，而不是被当作实现其他目标的手段时，获取它们才是有害的。相反，如果我们把它们当作手段，就不会超过一定限度，不仅没有害处，反而能够对达成既定的目标有很大助益，这一点我在合适的时候将加以说明。

如果追求金钱只是为了金钱本身，确实是一种恶。然而，一旦金钱让我们能够完成其他计划，这种恶就变成了一种美德。追求愉悦只是出于享乐确实是一种恶，但如果这份愉悦来自更深的欲望——爱一个人、爱自然、爱知识或艺术——它便成了一种美德。追求荣誉只是为了个人的功利心确实是一种恶，但如果为了捍卫一项事业有必要出名，这份欲望就变成了一种美德。通过将这些欲望放到一个更大的欲望之下，我们就能确保它们不会走向极端 (这是所有有害欲望的主要缺点)，确保它们在我们的生活中有明确的位置和功能。

这种高级欲望——绝对的爱、纯粹的快乐——在斯宾诺莎看来可以支撑并缓解我们所有其他的欲望，防止其他欲望走向极端，把它们变得快乐而富于理性。那么，这种高级欲望是怎样的呢？这种爱"通向永恒和无限之物，这种永恒和无限之物让灵魂被纯粹的快乐填满，这种纯粹的快乐是排除一切悲伤的；它确实非常令人向往，值得我们用尽一切力气去寻找"，在反思的一开始我们就提到了它。它到底是怎样的呢？

要想理解这一点，现在我们需要关注斯宾诺莎的形而上学 (métaphysique)，人们通常是由此进入他的哲学体系的。

关键提问

1. 当你认为无法实现欲望的时候——要么是因为条件不允许，要么是因为感觉自己做不到——你最终会责怪欲望本身吗？会贬低那些成功做到的人吗？

2. 你是否有一些物质的欲望——它们被你当作自为的目的，是你生存的目标？试着诚实地面对自己。你能对它们进行重新阐释，让它们成为达成其他目标的手段吗？如果对这些欲望的追求以及因此产生的过分行为阻碍你实现其他更重要的计划，你会改变这些欲望，让它们反过来帮助你实现其他的欲望吗？

哲学—行动

1. 想一想那些你克制不住的习惯、让你上瘾的东西，以及那些你认为伤风败俗或者应受谴责，而你也想改变的欲望。试着找出这些欲望中积极的一面，找出激励它们的快乐部分。试着不要只看不足或无力感（这是产生这些欲望的原因），而要去发现它们所传递的能量。

2. 试着不要谴责自己的欲望，而是问问自己为什么会感受到它们，重点关注它们带给你的快乐。

3. 与其排斥或压抑与我们生活状态根本计划或价值观不相容的欲望，不如问问自己可以怎样转变这些欲望，将它们纳入你的生活框架中，并在其中获得意义。

第四章

关于存在意义的看法

超 越 宗 教 的 上 帝 [1]

1　作者用"上帝"指代所有一神教中全知全能的存在，并不特指基督教中的上帝。——编者注到这里，我们已经要去相信斯宾诺莎主张的无神论了。他不是在不停嘲笑我们的宗教信仰，并且证明信仰宗教是错误的吗？实际上，斯宾诺莎让我们看到人并不受制于上帝的审判，不必遵从他的示范、遵照他的法则、服从他的意志、乞求他的爱或宽恕、惧怕他的惩罚，或者希望从他那里得到偿报。人并不是照着上帝的形象创造出来的，世界也不是按照人的心意创造的。对于基督教、犹太教而言，这些都是根本的信条，但它们确实属于最有害的那种束缚和奴役人的幻想。这就是为什么当斯宾诺莎谈及这些宗教时，他谨慎地使用了迷信行为（superstition）这个词。

但是，斯宾诺莎用词尖刻地否认自己是无神论者，而且你可能已经注意到了，他经常谈论上帝。什么是无神论者？是不相信任何一种宗教教义的人，还是无论对于哪种宗教，都拒绝信仰一个超自然且超验的存在，否认存在宇宙主宰者的人，或者还是拒绝接受有一个高于人类利益和生存需求的原则存在的人？斯宾诺莎其实是用存在论态度（attitude existentielle）来定义无神论者的。无神论者的特点是不承认一切超出个人欲望的东西，不接受一切高于物质享受和社会关系圈层的东西。

《写给奥斯滕的信》："那些无神论者其实习惯于过度追求荣誉和财富，而我对这些东西一直很鄙视，所有认识我的人都知道这一点。"

因此，斯宾诺莎首先想要从生存方式（manière de vivre）上跟无神论者区别开来。斯宾诺莎并不认为自己是无神论者，因为他没有用自己的人生去追逐金钱、社会成功和享乐。然而，他之所以能够避开金钱和社会声誉这些简单的满足，是因为他找到了另一个层次上更高级的满足。让我们回想一下，人要限制物质欲望、抑制在金钱或性上的贪婪，不是靠对抗它们，而是要用更强力的爱和欲望将它们转移。

上帝并不在世界之外：世界就是上帝

斯宾诺莎围绕我们对上帝的理念做了严密的分析，由此开启了他的思考。

我们所说的"上帝"是指什么？我们模糊地感觉到他是个无限的存在，但是他离我们的物质世界很遥远，他是一个全能的存在，却无法强迫人类服从他的命令。我们认为这个上帝具有无限的善，然而他无法阻止人类伤害彼此。

这个形象——我们对上帝的想象——完全没有逻辑性。如果上帝真的既无所不能又具有无限的善，那么他怎么会容忍恶呢？既然恶存在，那么由此推论出，要么上帝的能力不足以实现他无限善的意志，要么这位无所不能的上帝善事恶行两者都愿做。为了保持逻辑自洽，我们需要在上帝善良但没有能力和上帝全能但毫不仁慈之间选择其一。

但是斯宾诺莎在一个更根本的层面上抓住了我们对上帝看法的逻辑漏洞。为了让这个大胆的论证绝对无懈可击，斯宾诺莎运用了几何学方法 (méthode géométrique)，也就是说他从几个简单的公理出发，依次推演出所有这些命题。

上帝存在于所有事物中，它并不做出评判

这其中的一条公理是基督教、犹太教和伊斯兰教都接受的基本信条，就是上帝是无限的 (infini)。但是那些教徒们真的知道这是什么意思吗？如果上帝是无限的，那么任何东西都不会存在于上帝之外：如果有任何事物存在于上帝之外——被上帝遗弃的世界、**魔鬼**、渎神的生物——都表示上帝的神圣性是有界限的，因而证明上帝不是无限的。因此，斯宾诺莎得出结论，上帝的无限性意味着上帝

的神圣本质包含了所有存在的事物，每个存在物无论多么渺小、多么不重要，都是这个无穷无尽且无边无际的上帝的一部分。你、我、这根稻草和飘过的这片云共同构成了上帝的本质。

所以，上帝不是别的，正是宇宙的整体性，是大自然这个整体。从这个观点来看，斯宾诺莎的上帝和泛神论者 (panthéiste) 的神相差不大：上帝存在于所有事物之中，自然本身是神圣的，因此上帝神圣的法则并不是那些先知向我们揭示的教律，而是大自然的规律，比如我们在物理课或生物课上所学的东西。要想理解上帝，就不应该超脱于这个世界，奔向神秘主义的高峰，而是要相反地去关心贴近我们尘世的现实，因为这里的每个存在都是神圣上帝的显现。

因此，这个上帝并不是不在场的上帝，不是遥远的或者藏起来的上帝，不是身处另一个世界的上帝。因为上帝跟宇宙的现实性完全混合在一起，所以它也不能对世界的运行和人类的行为做出评判。所有出现在人世间的东西都是神圣上帝的一部分，上帝不能对发生在他们身上的事情做出评价、斥责或鼓励。因为如果上帝评判自然，或者斥责人类，反对人类的行为，他就是在斥责和反对自己。

上帝没有任何要求

这就把我们引到神圣存在的第二个基本公理上。上帝不仅是无限的，而且被认为是全能的。这一点是从前述内容引出的。确实，如果上帝是无限的——我们已经看到了，那么任何力量都不会外在于他单独存在，因此没有事物可以对抗他的力量。然而，那些天启宗教所描绘的上帝不断地恳求人类成为自己不是的样子。上帝勒令人类服从他，要求祭祀或禁欲，宣布法则和诫命。然而，一个恳求别人、要求别人的上帝是无法让人服从的，因此他是个无能的上帝。他不是上帝。相反，一个全能的上帝什么都不缺，因而他没有需求，也没有欲望。这就是为什么他不向人请求任何事情，不要求也不讨要任何东西，因为人——就像自然中其他的事物一样——正是神圣的全能上帝想要创造的样子。我们来回忆一下：完美性和现实性，这两个词说的是同一种东西。尽管世界有着所有这些我们眼中的缺点，然而只因为它是真实的，所以它是完美的。即使是最软弱、最没有理性或最危险的人也是完美的 (parfait)，只要他拥有自己的真实性，这真实性显示出了创造他的神圣力量。因此，即使是酒鬼、疯子、白痴或反社会的人，上帝也不会斥责他们。

这是否意味着上帝支持作恶呢？我们要怎么对待战争、疾病、残暴和仇恨的现实呢？我们应该肯定它们的完美性，并赞美上帝的力量，正是这力量创造了如此暴力的世界吗？又或者相反，这是否证明斯宾诺莎是错的，现实性和完美性并不是同义词，现实往往是非常不完美、残酷且难以忍受的呢？

爱上帝，爱世界，不去期待任何回报

斯宾诺莎回答我们，这种推理的错误之处在于，我们采用了一种绝对的人类视角，只从人类的需求和体验出发来看宇宙是否完美。可是，人类并不是宇宙的中心，也不是创世的目的。从人的视角、人自己的需求和感受来看，宇宙肯定是不完美的，因为它常常违背人的愿望。但是，我们采用的标准——它为我们的需求带来了什么，以及我们所知道的自己在其中的位置——并不能判断宇宙本身是否完美。

我们对这个上帝不会要求什么，正如上帝也不会要求我们什么一样。我们不会恳求他，让他证明对我们的爱；不会向他祈祷，让他帮我们走出困境；不会攀附于他，让他为我们的事业提供支持和便利。这个上帝没有任何理由

爱我们比爱其他生灵更多。相比于宇宙的其他方面，他没有理由为我们提供更多支持和便利，因为上帝对造物的爱，就是上帝对自己的爱。上帝爱人类，把人当作自己的一部分，整体中的局部：可能就像我们关心自己身体的一部分那样。

认为上帝只会宠爱人类的这种看法在奈特·沙马兰的电影《天兆》[1]中显示出最令人鄙视的一面。梅尔·吉布森扮演的男主角是一位失去信仰的神父。由于一连串的巧合事件，他的家人在一场致命的外星人入侵中得救了，这让他相信自己看到了上帝存在的证据。但是一个只救梅尔·吉布森却不救他邻居的上帝，善良在哪里呢？尽管外星人看上去丑恶又凶狠，但为什么上帝拯救人类，而不拯救外星人呢？实际上，上帝是通过所有这些创造物在自爱。由于上帝是没有情感的，因此没有理由爱一个造物比爱另一个更多，没有理由更多地帮助支持人类而不是豺狼，也没有理由促进森林生长而不是为摧毁森林的暴风雨助力。

因而，我们爱上帝不是为了获得他的爱作为回报，我

---

1 2002年美国科幻惊悚电影，由奈特·沙马兰编剧并执导。

们爱上帝——爱大自然和所有存在的事物——是因为这份爱带给我们至福，我们在这本书的开头提到过这种体验："爱永恒而无限的事物让我们的灵魂得到满足，让我们陶醉在一种纯粹的快乐中，排除了一切的悲伤。"我们爱上帝不是为了得到救赎作为交换，对上帝的爱就是灵魂救赎本身。

对上帝的智性之爱

我们在开始进行这场思考时，强调了爱在生活中的重要性。对斯宾诺莎来说，最重要的问题在于，知道选择什么对象去爱，爱慕依恋什么，让自己的幸福取决于什么。我们所有的幸福快乐（以及所有的不幸）都取决于我们所爱的东西，以及我们如何去爱。

对必然之物的爱

爱异化了我们，并让我们感到痛苦，因为我们依恋着转瞬即逝、不稳定且难以预料的事物。一旦这个对象消失、改变主意或发生变化，这份因其出现而产生的幸福就必然会变成痛苦，于是我们会想出很多种策略来让自己保持更长久的依恋。这些策略要么会让我们与他人发生冲突，要么会让我们否定自己。只要我们爱慕依恋着带有偶然性（contingent）的事物，只要我们爱慕的事物可能会消失、离开，或者因为我们无法把控的形势发生变化，只要这些事物取决于命运（fortune），我们就会遭受痛苦。这就是为什么斯宾诺莎告诉我们，爱需要放在必然之物（nécessaire）上。爱那些不能不存在的事物（必然之物的定义），我们就不会感到失望或困扰，因为我们确信它们会存在。这份爱就会是永恒的（éternel）爱，它是唯一的。

我们已经看到了从必然性的角度来感知事物会怎样改变我们的体验。当我们理解了自己并不自由，便能够更好地接纳自己。知道其他人的行为是他们必然会去做的，并不是任性而为，我们就会爱他们本来的样子，而不是去想着改变他们。现在，让我们学着去爱那个本身就是必然的存在：上帝，或者说大自然。虽然那些独特的东西——你、我、我的猫、我的车和这场美丽的日落——会变化和消失，但是这些变化、诞生和消亡作为一个整体，是永恒且必然的。

有时候我们是通过爱上一个特定的人去相信我们爱这个世界而且爱生活。我们因为那个带我们听歌的人而爱上一首歌，因为和那个人一起游览而爱上一个国家，因为那个人给我们下厨而爱上一道菜。当我们失去那个人的时候，我们就认为自己不会再喜爱那些曾经为我们所爱的东西了：美丽的风景、一起欣赏过的电影、最喜欢的餐厅似乎都让我们感觉索然无味，甚至难以忍受——因为缺少了那个人。在我们眼中，是他让这些事情变得妙不可言。但是或许这时我们陷入了一种视角错觉。真的是因为被爱的那个人，我们才爱周围的事物吗？难道不是相反：我们爱那个人，是因为我们把所有的事情跟他联系到了一起？这时我们就可以把被那个爱的人、那个我们已经失去的人看作整体的一部分。尽管局部改变或消失了，但是整体——按照斯宾诺莎的说法是上帝或大自然——仍旧存在，并且继续唤起我们的爱。

这样一来，通过我们对一切事物，对如其所是的存在物，对世界或宇宙，对生命和超越它的东西的爱，我们便能够疏解失去一件事物（une chose）的悲伤。

用智性之爱来爱生活

在另一种极端情况里，当我们问一些人喜欢什么或者热爱什么时，他们很朴实地回答"生活"。我们觉得他们有点笨，有点粗糙，看上去没有精致的趣味，没有爱好和厌恶的东西。我们责备的正是他们缺少激情。他们对生活泛泛的爱在我们看来是一种勉强的借口，是为了不必承认自己没有特别喜爱的东西。

但是，他们可能显示了斯宾诺莎提出的对上帝之爱的概念，上帝不是一个留胡子的老人或不可触知的圣灵，而是所有存在的总和。爱生活并不是过度依恋生活中的某些方面或某个时刻、牺牲另一些方面，而是跟随生活所有的变化，无论高潮还是低谷，甜蜜还是苦涩，紧张激烈还是平淡无奇。爱生活其实是爱整个自然，并且爱生活在自然之中这件事：也就是爱斯宾诺莎学说里的上帝。

留意那些有时会烦扰我们的回忆。与这些回忆联系最紧密的是什么东西？是你人生中的重要事件，那些你认为最特别、你长久渴望且定然配得上的东西，还是那些微不足道的小事，那些转瞬即逝却出现在你记忆中的瞬间：在车站站台等待的一个下午、晒在你皮肤上的阳光、隔壁面包房的香气、在下雨的周日上午醒来的时刻？有时正是这些空白、平凡、等待中的记忆，给我们留下最深的印象：它们体现的是我们成功体会到存在的原始状态的时刻，此时既没有欲望的粉饰，也没有自恋情结的装点。这时我们懂得了欣赏：不是去欣赏对面的人、取得的胜利或壮丽的风景，而是去欣赏存在在此 (être-là)，欣赏生活，欣赏我们作为世界一部分这个简单的事实。

斯宾诺莎颂扬的这份爱不是随便一种爱，不是虚情假意的或充满激情的爱，而是一种智性 (intellectuel) 的爱。我们当然习惯于把感性和理性区分开，甚至把它们视作冰与火一般对立的事情——感性必然荒谬无理，理性必然不食人间烟火。但是我们凭直觉猜想，真正爱一样事物，就是去理解它；真正认知一样事物，就是学着去爱它。这样我们就回到了最开始的问题：怎样拥有具有情感的智性，怎样拥有具有智性的情感？要怎么拥有感性的理性，这种带有情感力量的理性？

哲学—行动

1. 暂时忘记你的情感锚定对象——那些在你看来最重要的人或活动。问一问自己，有哪些生活中微不足道的小事让你充满幸福感。把它们列出来。你之前曾意识到自己对这些事情的爱吗？它们有哪些共同点？你可以通过什么方式来加深这份爱呢？

2. 试着去依恋生活中持久而必然的存在物，依恋那些没有人可以从你手中夺走的东西。这种眷恋是否会让你不那么在意情感上的挫折？

爱的形式是直观知识

我们很清楚地看到，要想体验到对上帝智性之爱，我们既要转变感受方式，也要转变思考方式，既要认知，也要理解。我们已经探讨过如何通过理解我们的情感，也就是通过认识其真正的成因，来实现转变。现在，我们要来看如何转变思考方式，不要再进行与现实割裂的抽象思考，而是运用情感，并带有理智地去理解——理解我们自己，以及周围的世界。

普遍观念

斯宾诺莎将理解分为三个层次、三种类型（genre）的知识。第一种是最肤浅的，绝不会触碰到真正的知识。我们习惯于观察事物之间大致的相似性——狗咬人，德国人喝啤酒，年轻人不负责任……通过这些相似性我们构建出粗略的普遍观念。于是，我们开始对这些简单的字词进行思考，它们是空洞的表象，既不属于事物本身，也不属于我们自己的经验。在这种知识里，当我们使用"男人""女人""善""恶"这种普遍而概括的词时，我们被语言创造的幻象所迷惑。虽然只是字词，但是语言让我们相信这些概括性表述对应着现实事物。可是我们知道"普遍意义上的女性"和"普遍意义上的男性"真实存在的可能性很小很少；如果脱离一切语境，"善"和"恶"存在的可能性同样很小。因而，这第一种形式的知识是抽象、空洞且脱离实际的，因为它只对应字词，而不对应现实。

共通的概念

在第三部分里，当我们讲到只有跟某件事物有共同之处时才能理解它的时候，我们已经略微触及第二种知识。共通的概念（notion commune）和普遍观念没有任何关系，因为它并不关注事物之间的共同点，而是关注我们和它们之间的共通之处。这种与事物之间的亲近感已经是一种情动（affectif）体验了：我们在宇宙中不是孤身一人，与众多事物的共同点让我们能够和它们一起去感受。此时，这种知识就不仅是思维的建构，还是一种实际的体验：体验我们与整个自然的共同性。

　　其实，我们跟所有存在的事物都有共同点，即便只是基于拥有一个形体并在空间中具有广延性的事实。这就是为什么科学和艺术都依赖于这些共通的概念。实际上，自然科学完全依托于我们跟其他所有自然事物的共同点：我们都是运动的物体。正是因为我们的身体能够做出大量的动作，所以我们可以描述——即理解——其他物体的运动，无论是行星运行的轨道，还是雪崩落下的轨迹。

　　诗人也是从我们与自然事物的共同性入手来构思隐喻的。我们可以从夜莺的歌声中听出我们的快乐，或者从猫头鹰的叫声中听出我们的忧伤，从火山喷发或夏日的倾盆大雨中看出我们的能量。因而，诗歌的隐喻并不是单纯的语言技巧，而是表达出让我们与自然相联系的真实相似性：我们可以通过自己的样子更好地理解周围的事物，并且反过来，我们也能更好地把握自己。无论是伸展四肢躺在太阳下享受的猫、被风刮起的飘荡落叶、椴树强壮而平静的树干，还是暴风雨之前变幻得令人忧心的天空中的云朵，都能让我们从中看到一部分的自己。于是，我们感觉自己是自然中不可缺少的一部分，是上帝的一部分。

依靠直觉把捉所有事物的独特性

但是，我们跟周围事物既有很多相似性，也有很多不同。只把捉（saisir）我们与它们的共同点是不对的，因而第二种知识是不完整的，需要进入第三种知识（troisième genre），依靠直觉把捉所有事物的独特性。不过对它而言，拥有第二种知识是必要的先决条件：我们只有通过把捉到我们与事物的共同之处，才能理解是什么把我们和它们区别开来，以及是什么让它们独一无二，就如我们一般。

对事物独特性的理解离不开对其必然性（nécessité）的认识。理解一样事物，就是认识它的原因——知道它从哪里来，为什么存在，为什么是这样，而不是另一个样子。

因此，如果没有预先对原因进行分析并做出探讨，是无法获得这种直觉知识的。了解一件事物的原因，我们就理解了它的必然性：它以怎样的方式融入自然，与其他事物相结合，又以怎样的方式成为上帝必不可少且无法替代的一部分。因此，对任何事物——一朵花、一粒尘埃、一个孩子或一块宝石——真正的直觉性理解，都是一种对上帝的认知。深入了解一样事物，我们必然会了解是什么让它得以存在，于是我们便会认知上帝。因此，斯宾诺莎写道：

《伦理学》，第五部分，命题二十四："我们越理解个别的事物，就越理解上帝。"

因而，我们在局部中看到整体：我们越深入挖掘对于生活中简单小事的认识，就越理解上帝或者宇宙。每件事物都是一个微缩世界，宇宙的神性在其中会完整地呈现出来。我们不应去云雾后面寻找上帝，而应该在我们眼前，或者在我们的手掌之中寻找它。

美的体验

那么，这种直觉知识是怎样的？我们要如何同时把捉到每个事物的必然性和特殊性？为什么这种理解是爱的形式和持久幸福的源泉？

有时候我们很难理解当斯宾诺莎讲起第三种知识或对上帝的智性之爱时他思考的是什么，但是我们可以尝试去接近它。在什么时候，我们爱一样事物只是因为它存在，因为它如其所是地存在着，而不期待这份爱获得任何回报？

对美的静观就属于这样的体验。我们爱一件美丽的事物，只是因为它存在。美带给我们的快乐不依赖于用途或者它从别处带给我们的快感。就像对上帝的智性之爱一样，带给我们至福的是爱美这件事，而不是所期待的回报。

体验美同时也是在体验必然性 (nécessité)。当我们说一件事物很美时，我们感觉它的任何细节都不能有所不同，所有部分以一种事后看来必然的方式交织成一个整体。我们赞赏的天才画家的手法、才华横溢的音乐家的演奏技巧、伟大作家的风格都是如此：任何其他的线条、颜色、音符或词汇都无法实现同样的效果。整体的和谐取决于每个部分的精确性，比如一件大师之作会令我们感到不知所措。它是如此绝对，我们想象不出任何可能来创造出其他的东西，它的形式似乎是必然的 (nécessaire)。

因而，审美经验是一种爱的形式，体现了知识[1]。当我们看到夏尔丹画的鳐鱼、塞尚画的苹果、弗朗西斯·庞日[2]描绘的肥皂或者爱德华·韦斯顿[3]拍摄的女性躯体，我们以为自己是第一次见到这些东西，认为自己终于见到了它们真实 (vérité) 的样子。在塞尚的画作中，我们看到了一个特殊的苹果，它的个体性让它变得独一无二，和其他所

1　这里指第三种知识。——编者注

2　弗朗西斯·庞日 (Francis Ponge, 1899 – 1988)，法国作家、诗人。

3　爱德华·韦斯顿 (Edward Weston, 1886 – 1958)，美国摄影师。

有苹果都不一样，它有着不规则、表皮的凹凸性、独特的颜色和斑点；但与此同时，我们又透过它看到了所有苹果的本质、苹果的典范性。

艺术家就这样让我们看到所有事物的神圣之处，包括那些最低微或最下流的东西。他们让我们看到特殊（众多苹果中的一个、厨房冷餐台上的一条鳀鱼）具有的普遍性，物质实体中包含的精神性，甚至是我们通常认为丑陋的事物所拥有的美。通过让我们爱上一个苹果或一条鳀鱼，艺术家让我们爱上了世界和生活。通过向我们展示独特事物的美，艺术家让我们看到了普遍之美。通过让我们了解那些表面上看来微不足道的事情，艺术家让我们理解了上帝。

在局部中看见整体

然而，这种目光并不仅限于对艺术家或者美的特殊事物，我们可以对任何事物、任何生物和任何人培养这种目光。当我们理解了每件事物都是整体的一部分，看到它是如何受到周围事物的影响变成这样（而不是别的样子），我们就能同时把捉到它的必然性和独特性，把捉到是什么让它们变得独一无二、无与伦比。只要我们承认事物的独特性和必然性，我们就可以像对待美的事物一样来爱它。

对我们自己也是一样的。我们越认识世界，便越理解自己，越能如我们自己所是地去爱上帝。承认我们受到环境的决定和影响，并不等于否认我们的个性或抹掉我们的特殊性。相反，正是所有这些因素帮助我们成为这样，而非别的样子，这意味着承认了我们的独特和无可取代。认为我们自己是整体的一部分，这个整体超出我们之外，而我们作为一部分，尽管很渺小，却极为重要且无可替代，这种想法让我们看到自己的人生并不是虚妄的。它让我们发现，尽管我们只有短暂的生命，但我们所属的整体是永恒的。因此对上帝的智性之爱，能让我们发现自己永恒的部分 (part d'éternité)。

哲学—行动

1. 面对你所见到或遇到的东西，问问自己：你和它们有什么共同点？你能感觉到自己跟一朵花、一片云、一只蚂蚁或一块石头的相似之处吗？想象一下，存在、待在空间之中、处于运动变化状态、需要食物和热量，这些事情意味着什么？你刚才实践了第二种类型的认知。这个练习是否在现实中为你带来一份支持，让你感觉自己不那么孤单呢？

2. 现在想一想，你有什么独特之处，也就是能把你和周围所有事物区别开的地方？一方面回想一下你的出身，以及所有决定和影响过你的事情；另一方面，回想一下你影响和决定了什么事情，尘世间有什么是由于你的存在而产生的。

把自己当作一根无限长的链条上的一环，或者一幅巨大镶嵌画中的一个石块。试想一下，如果没有这根链条或者没有这幅镶嵌画，你会是什么？如果这根链条或这幅镶嵌画没有你和你的行动，又将会怎样？你觉得是你的独特之处让你成为这根链条上必不可少的一环吗？你刚刚初步体验了第三种类型的知识。

永恒的体验

人类最主要的焦虑就是面对死亡时经受的焦虑，这也是宗教试图为人们缓解的。永生的确是宗教宣称给予人类的回报，用来报答人们按照它的要求所做的各种牺牲。人越是严格地服从宗教戒律，遵循其最微不足道的规则，就越有把握逃过死亡，甚至能在冥世体验到尘世无法想象的幸福。

斯宾诺莎对这种想法有好几点反驳意见。首先，他不认为行事端正、品行正直需要得到奖励，因为美德的好处是即刻体现出来的：一个道德高尚且有理智的人，要比一个被自己激情折磨的人更快乐也更平衡。不懂得自控的人不该等到去冥界受罚，他所过的放荡生活本身就是他的惩罚。因此践行美德和由此产生的至福是完全一体的。这就是为什么实际上反而是那些极端且轻率的人在期待冥界的奖赏。斯宾诺莎写道：

《伦理学》，第五部分，命题四十一，附释："因此他们认为虔诚和宗教，还有通常而言所有跟灵魂的力量有关的东西，都是负担，他们希望在死后卸下这些重担，并且希望就这份拘束，也就是他们因虔诚和宗教而受到的束缚，获得报答。不仅仅是因为这份希望，主要还因为害怕死后遭受可怕的折磨，所以他们尽量让自己脆弱的身体和虚弱的灵魂按照神圣戒律的指示生活。反之，假如没有这种希望和恐惧的支持，假如他们相信精神会随肉体一起死亡——这些被虔诚的重担压垮的苦命人并没有冥界的人生——他们就会恢复自己的脾气秉性，让一切行为受自己的肉欲支配。他们宁可服从命运，而不服从自己。这在我看来很荒谬，就像某个人因为不相信能够永远用健康的食品滋养自己的身体，于是宁愿用毒药或致命的东西果腹；或者他因为看到精神不是永恒不灭的，于是宁愿发疯，去过没有理智的生活。如此荒谬的事情，实在不值得多加评论。"

无论生命是有限还是无限的，我们的生活作风并不会因此而变化，因为有分寸且有理智地生活、爱他人并尊重他人，这些行为带来的好处我们在人世间即刻就能感受到。

另一方面，即便我们是永存的，也并不是说我们拥有"永恒的生命"或者我们是"不死的"。死亡是真实的现象，意味着生命机能停止，因而依赖于生命机能的精神和智性的能力也停止了。因为死亡是生命的终结，是对生命的否定，所以"死后的生命"这个概念本身就是自相矛盾的。

认为生命（vie）可以永恒，是把永存（durée）和永恒混为一谈了。这种观点认为永恒是指很长的时间，没有限定或没有止境的时间。但是斯宾诺莎强调，永恒是时间的对立面（contraire）。时间是变化和发展、上升和下降、出生和死亡，时间就是生命。永恒则相反，是没有变化也没有发展的东西，因为确切地说，永恒在时间之外（en dehors）。

然而，斯宾诺莎写道——

《伦理学》，第五部分，命题二十三："人的精神不会随着身体的死亡完全消失，而是会留下一些东西，那是永恒的。"

虽然我们的一部分是永恒的，可以在身体死去之后继续存在，但是我们已经知道这份永恒不属于人生的范畴。我们还知道这个部分并不是我们所说的灵魂 (l' Âme)。我们的记忆、欲望和激情——所有组成灵魂的东西——都随着身体的死亡消失了，因为它们依托于身体而存在。

那么，这个永恒的部分是什么呢？

我们知道——这是我们讨论的起点——上帝是无限且永恒的。我们也知道，我们自己是有限、弱小且具有依赖性的，因而必然会消亡。但是通过严密的推理，并通过体验对上帝的智性之爱，我们知道自己是上帝——大自然或者宇宙——的一部分。尽管这看上去微不足道，但非常重要，我们是整个永恒之中转瞬即逝的局部。

就这样，当我们把自己看作整体的一部分、神圣拼图中的一块时，我们会感觉到自己是永恒的。如果我们的存在参与组成了神圣宇宙的永恒，它在某种意义上说也是永恒的。如果我们所属的整体不会随着我们的死亡而消失，我们就知道，至少我们的存在这个概念 (l'idée) 不会消亡。

《伦理学》，第五部分，命题二十二："不过，在上帝身上必然有一种概念，将个别的人的本质归结为一种永恒性。"

但是，如果我们死后没有了感觉、记忆和意识，我们能够对这种永恒了解些什么，能从中得到什么好处呢？其实，我们不是在死后 (après) 感知到我们的永恒性，我们在人生之中就能意识到它。斯宾诺莎写道：

《伦理学》，第五部分，命题二十三，附释："我们从经验中感觉并知晓自己是永恒的。"

这个观点听上去令人惊讶：我们生活在时间之中，要怎么体验时间之外的东西呢？我们对出生之前的生活没有任何记忆，一旦死去，我们对人生也不会有任何记忆。但是，斯宾诺莎对我们说，我们的永恒性是一种真实的、可以触摸的、可以感觉的体验：一种实存的经验。

当我们触碰到真理的时候，便拥有这种体验。一个真实的概念也正是永恒的概念，它不受时间流逝的影响，也不会被情绪起伏和潮流变化影响：真理是不因生和死而变化的。每当我们触及一个真实的概念，便会感知到事物处于一种永恒性之下。

因为一件事物或一个人的真实概念，展现了其必然性：它指明了使事物产生的影响因素，这些因素使它成为现在的样子，而非别的样子。从某种意义上说，必然的也就是永恒的。当我们以这种方式形成了对于自己的真实概念，理解了我们所拥有的必然性，当我们接受了世界赋予我们的样子，作为其不可分割的一部分存在时，我们就能感觉到永恒性的一部分，并遇见自己身上的永恒。这时，我们知道，即便我们带有记忆和情感的身体消失了，我们的存在这个概念也不会被消除。

永恒的时刻

我们能够做到像这样认识自己吗？能够这样准确且直观地理解自己的永恒本质（essence）吗？

我们能够理解自己激情的原因，并将它们转化成有理性的欲望。这些欲望不再是不由自主的，不再是因为环境使然而被动接受的，它们会被看作对天性的表达，被我们主动接受。我们对决定我们的原因认识得越多，就越能学会认识宇宙以及支配它的规律。因此，认识自己必然能让我们认识上帝，认识局部会让我们开始去认识整体。这份对上帝的知识并不全面也没有包罗万象，我们并不会感到瞬间获得启示，灵魂得到救赎，但是我们将体验到那些具有永恒性的时刻，就像上帝向我们每个人眨了一下眼睛。

这场追寻很漫长也很艰难，但是在路途中，我们将发现世界和自己的美，学会爱自己并爱生活。知识带给我们的快乐，会把我们的悲伤情绪转化成快乐情绪。路上的阻碍也是这份快乐的一部分。斯宾诺莎在他的《伦理学》结尾处这样写道：

尽管现在人们觉得我指出的这条路太艰难，但至少它是我们可以找到的。正是因为非常艰难，所以很少有人能找到它。如果获得救赎易如反掌，人们可以不费辛劳地找到这条艰辛而难得的路，那么这条路会变成什么样呢？

生平

介绍

　　1632年，当斯宾诺莎这个爱惹祸的人在阿姆斯特丹出生时，父母给他取了葡萄牙语名字叫本托 (Bento)，这个名字之后被译成希伯来语巴鲁赫 (Baruch)，在拉丁语中是本尼迪克特 (Bénedict)。他的祖父母为了逃离葡萄牙的宗教裁判所，在法国南特做了短暂的停留。随后，他们来到尼德兰共和国[1]避难，当时这里因宗教宽容而名声在外。作为改宗 (marrane) 的犹太人（也就是说他们公开地放弃了自己的信仰），他们为了逃避迫害而改信天主教。但与此同时，他们在暗地里还保持着犹太人的身份。这样多重混合且界限不清的宗教身份，或许可以解释为什么斯宾诺莎对宗教持怀疑态度。在抵达荷兰之后，这一家改宗的犹太人的确可以重拾一百年前放弃的传统和规矩，但是由于相隔了太长时间，他们可能很难完全进入犹太人的角色。

　　不过斯宾诺莎接受了犹太传统教育，学习了希伯来语和犹太教法典。在哥哥去世后，十七岁的他参与到父亲的进出口贸易生意中。在为家族产业工作的同时，斯宾诺莎还在一所拉丁语学校上课，遇到了各种各样的新教改革

1　尼德兰联省共和国是1581—1795年在荷兰及比利时北部存在的一个国家，这个时期也是荷兰的黄金时代。

者、重洗派[1]教徒，甚至贵格会[2]成员。

1656年，斯宾诺莎被阿姆斯特丹的犹太修会开除教籍，人们禁止他与其他犹太人接触。我们始终不太了解这场驱逐的原因，但似乎时年二十四岁的斯宾诺莎已经产生了与正统宗教观念相对立的观点。有亲历者转述说，斯宾诺莎承认他认为"上帝只存在于哲学层面上，犹太戒律是错误的，灵魂会和身体一同死去，因此信仰是没用的"。我们不确定在开除教籍的同时是否伴随着人们有时形容得极其残忍的宗教仪式，也就是要在一盆血中熄灭蜡烛，但是谴责斯宾诺莎的文字显示出罕见的暴力：

先知默罕默德的代理人先生们决定，在宣读完下述犹太驱逐令后，会将斯宾诺莎除名并将其逐出以色列民族之列：在圣徒和天使的裁判下，在圣书及其所包含的六百一十三条戒律的见证下，全体修会一致同意开除、驱逐、诅咒并憎恨巴鲁赫·德·斯宾诺莎。……愿他日夜受到诅咒，无论在睡梦中还是清醒时都受到诅咒。……愿上

1　重洗派源自瑞士，是欧洲宗教改革运动中分离出的一个教派，坚持政教分离。

2　贵格会兴起于十七世纪中期的英国及其美洲殖民地，其特点是没有成文的教义，直接依靠圣灵的启示，具有神秘主义的特色。

帝对此人点燃全部怒火，将戒律书中提及的所有罪恶都倾泻在他身上；愿他的名字在这世间永远被抹去，但愿上帝将他与所有以色列部族分隔开。……请你们知道，不该跟斯宾诺莎有任何书面和口头上的联系，不能给他提供任何帮助，没有人能靠近他两米以内。没有人会跟他同住一个屋檐下，没有人会读他写的东西。

开除教籍的事情使得斯宾诺莎的家族生意破产，他最终离开了阿姆斯特丹，此时的他沉醉于哲学研究。他先是住在莱顿[1]附近，很可能曾在当地的大学听课，而后住到海牙附近。1663年，他出版了一本书，内容关于笛卡儿的《哲学原理》。他的第二本书《神学政治论》是匿名出版的，但是由于该书引起了敌意，并随之遭遇禁令，斯宾诺莎感到泄气，没有出版他穷尽一生写就的《伦理学》。不过，在荷兰知识分子和进步人士的圈子里，斯宾诺莎很快声名鹊起。在他的一生当中，他与众多科学家、哲学家、神学家和政治活动家都有过通信往来，哲学家莱布尼茨甚至从德国前去拜访他。

1　荷兰的一座城市。

斯宾诺莎在1673年拒绝了德国海德堡大学提供给他的哲学教授职位，他更愿意保持独立状态。除此之外，他通过学习成了一名镜片磨制师。他在1677年因为呼吸系统疾病去世，这可能和他在磨制镜片时吸入的硒尘有关。人们在他租住房间的书桌上找到了《知性改进论》《希伯来语语法》《政治论》的手稿，它们立刻被出版。

虽然斯宾诺莎的无神论受到谴责，他的哲学思想遭人反对，但是所有谴责和反对他的人一定会感到惊讶，这位哲学家在生活中是个典型的聪慧、礼貌且谦虚的人。因此，皮埃尔·培尔在他的辞典[1]中写道：

那些比较熟悉斯宾诺莎的人，还有那些和退休之后的他一起生活过一段时间的乡村农民，一致说他是个善良的商人，和气、正直、亲切，生活习惯非常规律。这很奇怪；但当我们看到有些人尽管对基督教义深信不疑，在生

---

1 Pierre Bayle, *Dictionnaire historique et critique*, Slatkine, 1995. ——原注

活中却作恶多端时，我们对斯宾诺莎的情况就不会感到那么惊讶了。

　　斯宾诺莎的一生证明，逻辑的严谨性战胜了道德的虚伪。斯宾诺莎是一个在道德上无可指摘的人，不是因为他信奉无法企及的理念，而是因为他智性的正直和对真理的热爱，使他承认在现实中如其所是的人。最声名狼藉的想法往往造就最高尚的人，而最循规蹈矩的观念往往造就最腐败的人。

　　英国哲学家伯特兰·罗素这样总结道：

　　斯宾诺莎是所有伟大哲学家中最高贵也是最温和可亲的。即便有人在智性上胜过他，但是从道德的角度看，他超过所有人。因此，在他的一生中，以及在他去世之后的一个世纪里，他被看作极端邪恶的人，这是一个符合逻辑的结果。[1]

1　Bertrand Russell, *Histoire de la philosophie occidentale*, Paris, Gallimard, 1953. ——原注

阅读

指南

《伦理学》(*L'Éthique*)[1]

《伦理学》是斯宾诺莎的杰出著作，这部作品对他的整套哲学思想进行了阐述、发展、解释和论证。为了让读者信服，斯宾诺莎按照几何学般严格的顺序 (*l'ordre géométrique*) 来介绍自己的论点；就像数学证明一样，每个命题都是由前一个命题推演出来的，而读者要想理解所读的内容，就需要不停地参考书中的其他章节。阅读这本书并不容易，需要时间和耐心。然而，斯宾诺莎加上了附释 (*Scolie*)：更加自由的评注，时而尖刻又带有论战性，时而滑稽而放肆，但始终切合主题，并具有创新性。《伦理学》的五个分卷是按严格的顺序排列的：以《上帝》(*Dieu*) 作为开始，然后是《精神》(*l'Esprit*)、《情感》(*les Passions*)、《人类的束缚》(*la Servitude humaine*)，最后是《人类的解放》(*Libération humaine*)。但是，由于书中各分卷之间有很多相互参考印证，我们可以按照任意顺序来阅读这部书，因此我们可以像本书中所做的那样，以第三卷《情感》中

1　Traduction Bernard Pautrat, Éditions du Seuil, collection Points Essais, 1999.

最直接的问题作为开始。在众多法语译本中，贝尔纳·波特拉 (Bernard Pautrat) 的译本清晰明白且忠于拉丁语原文，尤为出众。

《政治论》 (*Traité politique*)；《书信集》 (*Lettres*) (Garnier-Flammarion, 1993)

《政治论》清晰且相当凝练地展现出斯宾诺莎革命性的政治观念，对此我们在本书简短的篇幅中并没有涉及。请你务必读一读这本书！相反，《书信集》则汇集了斯宾诺莎与同时代众多科学家、神学家和思想家的大量书信。这些书信对《伦理学》的体系以及他的思想提供了宝贵的阐释，因此这些书信成为其主要著作的补充和必要的导言。他的某些通信对象表现得天真幼稚，有时让我们忍俊不禁！

《神学政治论》 (*Traité théologico-politique*) (GF Flammarion, 1965)

斯宾诺莎的这部重要著作在他生前已出版，只不过是以匿名的形式。这部书涉及多个方面。

斯宾诺莎一方面提出了对《希伯来圣经》的全新阐释，重新解读其源起及社会和政治功能，随后他又阐述了自己的政治思想——这些思想他在《政治论》中进行了重申。《神学政治论》为一个国家中言论自由和信仰自由的重要作用做出了有力的辩护。

《简论》(*Court traité*)；《知性改进论》(*Traité de la réforme de l'entendement*)；《笛卡儿哲学原理》(*Principes de la philosophie de Descartes*)；《形而上学思想》(*Pensées métaphysiques*)（GF Flammarion, 1964）。

《神、人及其幸福简论》(*Court traité sur Dieu, l'homme et la santé de son âme*) 可以看作《伦理学》的一个前奏。年轻的斯宾诺莎在其中探索了自己后来的思想观念，此时他的论述还略显笨拙和幼稚。《知性改进论》是一部未完成的著作，它展现了斯宾诺莎的哲学倾向和他的认知理论。向我们展示了斯宾诺莎与笛卡儿的联系，以及斯宾诺莎所建立的几何学方法。相比于普通读者，研究哲学历史的史学家会对此更感兴趣。

评述与辅助阅读

吉尔·德勒兹 (Gilles Deleuze)：《斯宾诺莎：实践哲学》(*Spinoza : philosophie pratique*)（Paris, Les Éditions de Minuit, 1981）。

这本书采用词汇表的形式，是初次阅读斯宾诺莎《伦理学》的最佳搭配读物。

保罗·克里斯托弗里尼 (Paolo Christofolini)：《斯宾诺莎，〈伦理学〉中的路》(*Spinoza, Chemins dans l'« Éthique »*)（Paris, PUF, Collection Philosophies, 1998）。

富有趣味性的导引，不过作者对待斯宾诺莎的著作是认真严肃的。他告诉我们，不必从头到尾地阅读《伦理学》，而是可以根据自己的问题，在这部迷宫般错综复杂的著作中开辟出自己的路线。如此一来《伦理学》就变成了一部包容其他各式各样阅读体验的书籍⋯⋯

吉尔·德勒兹：《斯宾诺莎与表现问题》(*Spinoza et le problème de l'expression*)（Paris, Les Éditions de Minuit, 1969）

适合想要深入研究的人。这本书是对斯宾诺莎哲学思想的权威阐释。斯宾诺莎的思想经常被德勒兹这位二十世纪末的重要思想家放到当代哲学大辩论的背景之中进行探讨。

亚历山大·马特龙 (Alexandre Matheron)：《斯宾诺莎思想中的个人与群体》(*Individu et communauté chez Spinoza*) (Les Éditions de Minuit, 1988)

适合那些还想更进一步深入研究的人。这是一部真正的概论，就每一个命题详细分析了斯宾诺莎的形而上学和他的政治哲学之间的关系。这本书引人入胜，但是也要求理论与实践相匹配。

安托尼奥·达马西奥 (Antonio Damasio)：《斯宾诺莎说得对：快乐与愁闷，有情绪的大脑》(*Spinoza avait raison : joie et tristesse, le cerveau des émotions*) (Odile Jacob, 2008)

这是一位著名神经科医生的论证，证明了斯宾诺莎的思想对现代神经生物学和心理学的重要意义。

图书在版编目（CIP）数据

与斯宾诺莎一起获得自由 /（法）巴尔塔萨·托马斯
著；柯梦琦译 . 一上海：上海三联书店，2023.5
ISBN 978-7-5426-7912-3

I.①与… Ⅱ.①巴…②柯… Ⅲ.①斯宾诺莎（
Spinoza, Benoit de 1632–1677）– 哲学思想 – 研究 Ⅳ.
① B563.1

中国版本图书馆 CIP 数据核字 (2022) 第 205486 号

Être heureux avec Spinoza © 2008, 2019 Editions Eyrolles, Paris, France.
This Simplified Chinese edition is published by arrangement with Editions
Eyrolles, Paris, France, through DAKAI - L'AGENCE.

著作权合同登记　图字：09-2022-0820

与斯宾诺莎一起获得自由

著　　者	[法]巴尔塔萨·托马斯
译　　者	柯梦琦
总 策 划	李　娟
策划编辑	李文彬
责任编辑	杜　鹃
营销编辑	都有容
装帧设计	潘振宇
封面插画	潘若霓
监　　制	姚　军
责任校对	王凌霄

出版发行　上海三联书店
　　　　　（200030）中国上海市漕溪北路331号A座6楼
邮　　箱　sdxsanlian@sina.com
邮购电话　021–22895540
印　　刷　北京盛通印刷股份有限公司

版　　次　2023年5月第1版
印　　次　2023年5月第1次印刷
开　　本　787mm×1092mm　1/32
字　　数　93千字
印　　张　6
书　　号　ISBN 978–7–5426–7912–3/B·805
定　　价　54.00元

敬启读者，如发现本书有印装质量问题，请与印刷厂联系18911886509

人啊, 认识你自己!